「究」

叢書・知を究める 2

戦争という見世物

日清戦争祝捷大会潜入記

木下直之［著］

ミネルヴァ書房

『戦国写真画報附録　東京市祝捷大会』(春陽堂, 明治 28 年 1 月 1 日)

三代歌川国貞「川上音二郎戦地見聞日記名古屋清水町小島邸之場」
（茅ヶ崎市美術館蔵）

歌川国虎「上野不忍池祝捷大会之図」（個人蔵）

はじめに——東京市祝捷大会について

これからみなさんをお連れする東京市祝捷大会とは、明治二七年（一八九四）一二月九日に、東京上野公園を会場にして繰り広げられた日清戦争の勝利を祝う集会である。今ではあまり用いない字だが、「捷」は「勝」と同義である。

当日は寒い日曜日だった。大会は早朝に始まり深更に及んだ。会場入口の黒門跡には、平壌の玄武門がハリボテで建てられた。川上音二郎一座による野外劇や少年剣士らによる野試合、戦地から届いた分捕品の展示や日本赤十字社による野戦病院の再現など、公園各所でさまざまなイベントが行われた。おそらくはそれを目当てに、まだ一五歳だった皇太子も行啓している。

数万の市民が集まった。二万食の弁当が用意されたがとても足りなかった。時が経つにつれ、会場は興奮のるつぼと化した。クライマックスは日が暮れて行われた不忍池での海戦である。池を黄海に見立て、清国海軍の戦艦定遠と致遠の模造艦を浮かべて焼討ち、撃沈して気勢をあげた。

主催者は東京市民有志によってこの日のために結成された東京市祝捷大会であり、集会の名前もまた東京市祝捷大会である。市民有志とはいえ、大会委員長を三浦安東京市長が務め、発起人総代を園田孝吉横浜正金銀行頭取が務めるなど、政財界挙げての大掛かりなイベントだった。

東京市も、今となっては耳慣れない言葉だろう。明治二二年（一八八九）から昭和一八年（一九四三）まで、およそ半世紀にわたって存在した。市域は現在の東京二三区と考えればよい。もっとも、これはかなり変則的な行政制度で、市長は東京府知事が兼務し（したがって三浦安は東京府知事でもあった）、当初は市役所もなく市職員もいなかった。大会が開かれた明治二七年を迎えてようやく、東京市役所が麹町区有楽町に完成している。

そのころ、東京市は一五区六郡から成っていた。会場となった上野公園は下谷区に属している。東西を浅草区と本郷区にはさまれ、南北は神田区と豊島郡に接していた。のちにご案内するように、大会は麹町区にあった日比谷公園への集合、宮城前広場での万歳三唱、上野公園に向かっての行進に始まるから、参加者は麹町区を出発し、日本橋区、神田区、下谷区を歩くことになる。もちろん、こんな機会は滅多にないから、京橋区の銀座煉瓦街、浅草区の浅草寺界隈、本郷区の帝国大学などにもお連れしたいと思っている。

東京市長の権限が弱かった代わりに、一五区はそれぞれに区会を持ち、今でいう自治体の性格を有していた。とりわけ日本橋区や神田区は江戸以来の町人地の文化的伝統を色濃く残していたようで、それは祭りの日にはっきりと現れた。端的にいえば、山車を曳き回し、沿道の商家は店先を飾り立てるのである。

日本橋に生まれ育った長谷川時雨の語るこんな話が好きだ。

アンポンタンはぼんやりと人の顔を眺める癖があったので、
「いやだねおやっちゃん、私の顔に山車でも通るのかね。」
さすがの藤木さんもテレて、その頃の月並み警句をいった。

（『旧聞日本橋』岩波文庫）

アンポンタンは時雨こと長谷川やすの幼いころの渾名、当時の東京で、われを忘れて見とれるものといえば、何をおいても山車だったのである。東京市祝捷大会でも、随所にそんな江戸の祭礼が甦ってくる。神田祭名物の鬼の切り首に代わって、龍の切り首が曳き回されたりする。それは本書でたっぷりと味わっていただきたい。

ただし、そこで目にする光景がけっして後味のよいものばかりではないことも、はじめにお断りしておこう。切られた龍の首は、もちろん清国皇帝の見立てだからだ。

日清戦争は、明治二七年八月一日の両国による宣戦布告に始まり、翌年四月一七日の下関条約調印、五月八日の批准書交換で終結したとされる。しかし、あらゆる戦争の現実がそうであるように、宣戦布告以前から小競り合いが始まり、七月二五日には豊島沖海戦で戦争へと突入した。

九月に入ると臨戦体制が整い、戦争はいよいよ本格化した。広島に大本営が置かれ、天皇は東京を離れて駐在し、翌年五月末まで戻らなかった。日本軍は平壌を陥落させ、黄海海戦でも大勝利を収めた。一〇月には、鴨緑江を渡って清国内部へと侵攻した。翌月にかけて連戦連勝を重ね、九連城、鳳凰城、大孤山、金州城、大連湾をつぎつぎと攻略した。一一月二一日には旅順が落ち、日本中がその知らせに沸き返った。東京市民は、その興奮が冷めやらぬうちに、一二月九日の東京市祝捷大会を迎えたことになる。

もとをたどれば、明治八年（一八七五）の江華島事件、翌年の日朝修好条規締結以来、およそ二〇年にわたって朝鮮の支配をめぐる日清間の軍事的緊張がつづいていた。明治一五年（一八八二）の壬午事変で日本公使館が焼討ちに遭ったことをきっかけに、日本政府は軍隊を駐留させた。さらに明治一七年（一八八四）、甲午農民戦争を機に、朝鮮政府が清国に軍隊派遣を要請すると、日本もすかさず出兵した。清国は朝鮮の宗主国を自認しており、明治維新以来、朝鮮に対して政治的、経済的圧力を高める日本はさぞかし目障りな存在であったに違いない。

一方、台湾をめぐっても、日清両国は早くから衝突している。明治七年（一八七四）の台湾出兵は、三年も前に起こった琉球漁民殺害事件を理由に、日本政府がはじめて軍隊を海外に派遣した出来事であった。軍事行動は台湾の原住民を相手になされ、日清両軍が衝突したわけではなかったが、これをきっかけに琉球王国の日本帰属が一気に進んだ。清国政府は琉球漁民殺害の補償金を日本政府に支払った。やはり宗主国を自認していた清国にしてみれば、東海に浮かぶ小さな島国日本に琉球王国を奪われたことになる。国王は東京に住むことを余儀なくされ、王国は琉球藩、ついで沖縄県と名を変えて、日本の一部に完全に組み込まれた。

今風の表現でいえば、東アジアにおける軍事的プレゼンスをひたすら高めようとしていた日本に対して、清国が睨みをきかせたことがある。それが、清国海軍の最新鋭戦艦定遠と鎮遠の長崎寄港である。ともにドイツで建造され、明治一八年（一八八五）に北洋艦隊に配備された。いずれも排水量七千トン、全長九〇メートルを超える巨艦で、当時も一〇年後の日清戦争でも、日本海軍には太刀打ちできる戦艦がなかった。

定遠と鎮遠が、済遠と威遠を伴って、長崎港にその姿を現したのは翌一九年八月である。そして、上陸した清国水兵が警官や市民相手に乱暴狼藉を働くという事件が延べ三日にわたって発生した。発端は遊郭での登楼の順番をめぐる争いだったという。日清双方に死者が出た。これで一気に反清感情が高まり、福岡警察署長であった湯地丈雄という人物は職を辞して、元寇記念碑建設運動に身を投じることになる。

元寇（蒙古襲来、あるいは文永・弘安の役）とは、九州北部に押し寄せたモンゴル軍を二度にわたって撃退した一三世紀後半の出来事である。湯地は矢田一嘯という画家に一連の元寇図を描かせ、それを携えて全国を行脚し、記念碑建設資金を集めた。当初の計画とは異なるものの、元寇記念碑は「敵国降伏」を祈願する亀山上皇の姿となって、玄界灘に向かう福岡の東公園に実現した。現在も立っている。また「元寇図」も靖国神社に現存する。

不忍池に浮かんだ定遠の模造艦には、矢田一嘯描く元寇図において、鎌倉武士に攻められ、「神風」に煽られ、海の藻くずと消えるモンゴル船が重なって見える。

日清戦争は両国間の二〇年来の政治的・軍事的関係の破綻にほかならないが、国民の間にも反清感情が深く根を張っていたことを忘れてはならない。そして、それは蔑視の感情を育んだ。夏から秋にかけて、日本軍の連戦連勝の報に接したひとびとは、東京市祝捷大会に臨んで溜飲を下げたのである。

すでに本書をぱらぱらとめくってくださった方は、切り首のかたちをした山車や提灯、風船や石鹸の絵が目にとまったに違いない。いやだね。いやな話題だね。まるでヘイトスピーチである。しかし、沿道の市民も大会の参加者も、こぞってそれを喜んだことは間違いない。それはたかだか一二〇年ほど前の話だから、目を背けるわけにはいかない。

みなさんとともに、わざわざ東京市祝捷大会を訪れることの意義はここにある。国民皆兵の国家建設を進める日本が経験した最初の対外戦争が、いかに国民の心をひとつにしたか、その国民はいかに敵国人を蔑み笑ったか、そして、それを新聞・雑誌がいかに煽ったか、さらにこのことが今ではいかにきれいさっぱりと忘れられてしまったかなどを知るよい機会となる。ただし、この日の東京市中や上野公園に満ちあふれる「笑い」が、江戸以来の「笑い」の伝統に根ざしたものであることにも注意を払ってほしい。

一二月九日は、あとから振り返れば、日清戦争のちょうど半ばにあたる。東京市民にこの戦争がどのように終わるかは見えていない。何事も、渦中にあっては見えなくて当たり前かもしれない。しかし、まれに行く末の見えるひとがいる。

日清戦争はおれは大反対だつたよ。なぜかつて、兄弟喧嘩だもの犬も喰はないヂやないか。たとへ日本が勝つてもドーなる。支那はやはりスフィンクスとして外国の奴らが分らぬに限る。支那の実力が分つたら最後、欧米からドシ〳〵押し掛けて来る。ツマリ欧米人が分らないうちに、日本は支那と組んで商業なり工業なり鉄道なりやるに限るよ。
一体支那五億の民衆は日本にとつては最大の顧客サ。また支那は昔時から日本の師ではないか。それで東洋の事は東洋だけでやるに限るよ。

一消一長は、世の常だから、世間は連戦連勝なんぞと狂喜し居れど、しかし、いつかはまた逆運に出会はなければなるまいから、今からその時の覚悟が大切だヨ。その場合になつて、わいわいいつても仕方がないサ。今日の趨勢を察すると、逆運にめぐりあふのもあまり遠くはあるまいヨ。

ともあれ、日本人もあまり戦争に勝つたなどと威張つて居ると、後で大変な目にあふヨ。剣や鉄砲の戦争には勝つても、経済上の戦争に負けると、国は仕方がなくなるヨ。そして、この経済上の戦争にかけては、日本人は、とても支那人には及ばないだらうと思ふと、おれはひそかに心配するヨ。

（江藤淳・松浦玲編『氷川清話』講談社学術文庫）

このぐらいで、もう引用は十分だろう。ふっと四七年後の一二月八日や、そのまた四年後の八月一五日が頭に浮かんでくる。戦争のさなかにこんな発言を残した勝海舟の名は、皮肉なことに、海に見立てた不忍池で船を焼いて勝利を喜んだ東京市祝捷大会にふさわしい。しかし、海舟はもちろんこの日上野に足を運ばなかった。

頭の片隅に海舟の言葉をおいて、そろそろ東京市祝捷大会へと出かけることにしよう。

戦争という見世物——日清戦争祝捷大会潜入記

目次

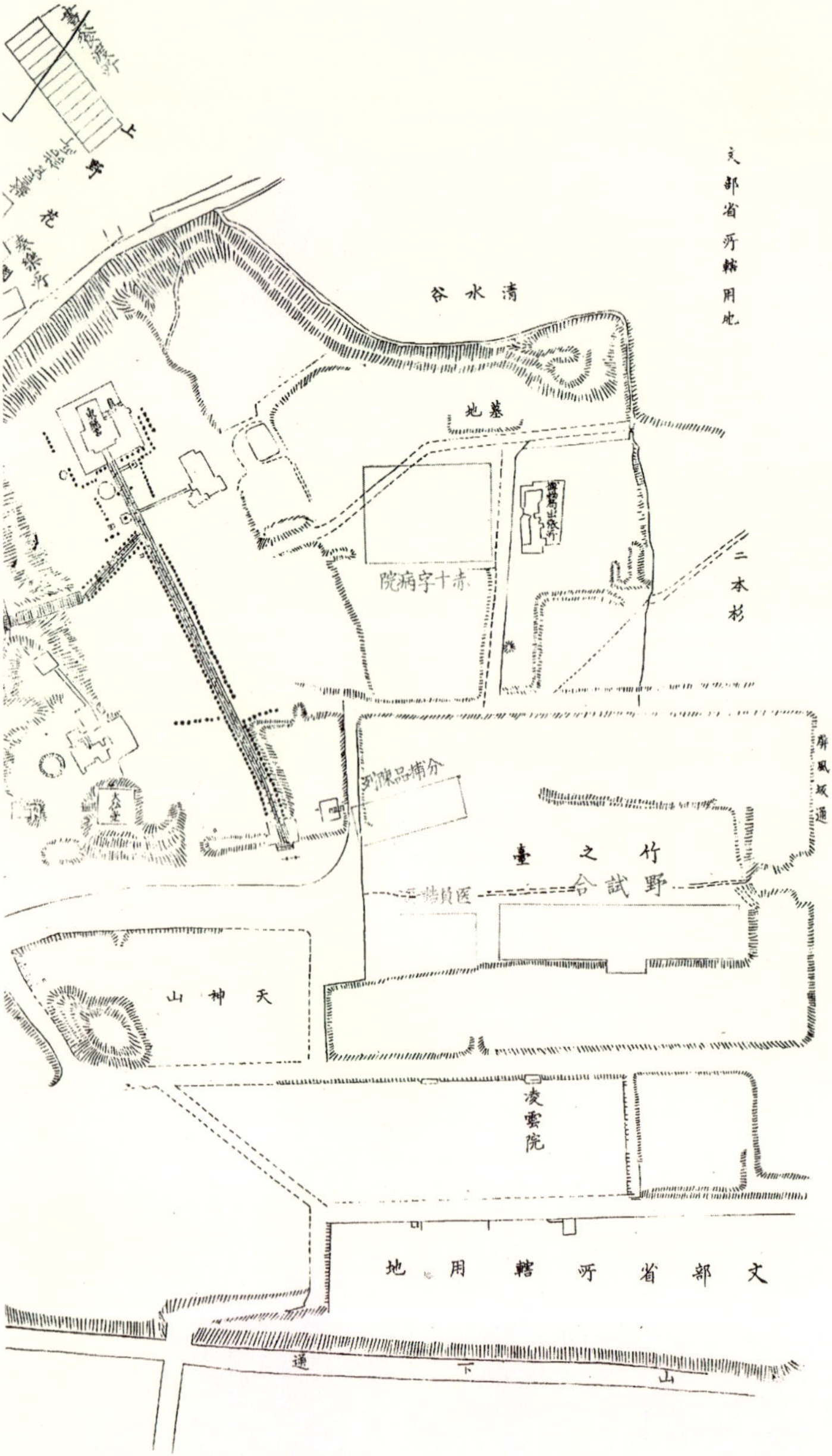

『東京市祝捷大会』明治 28 年）

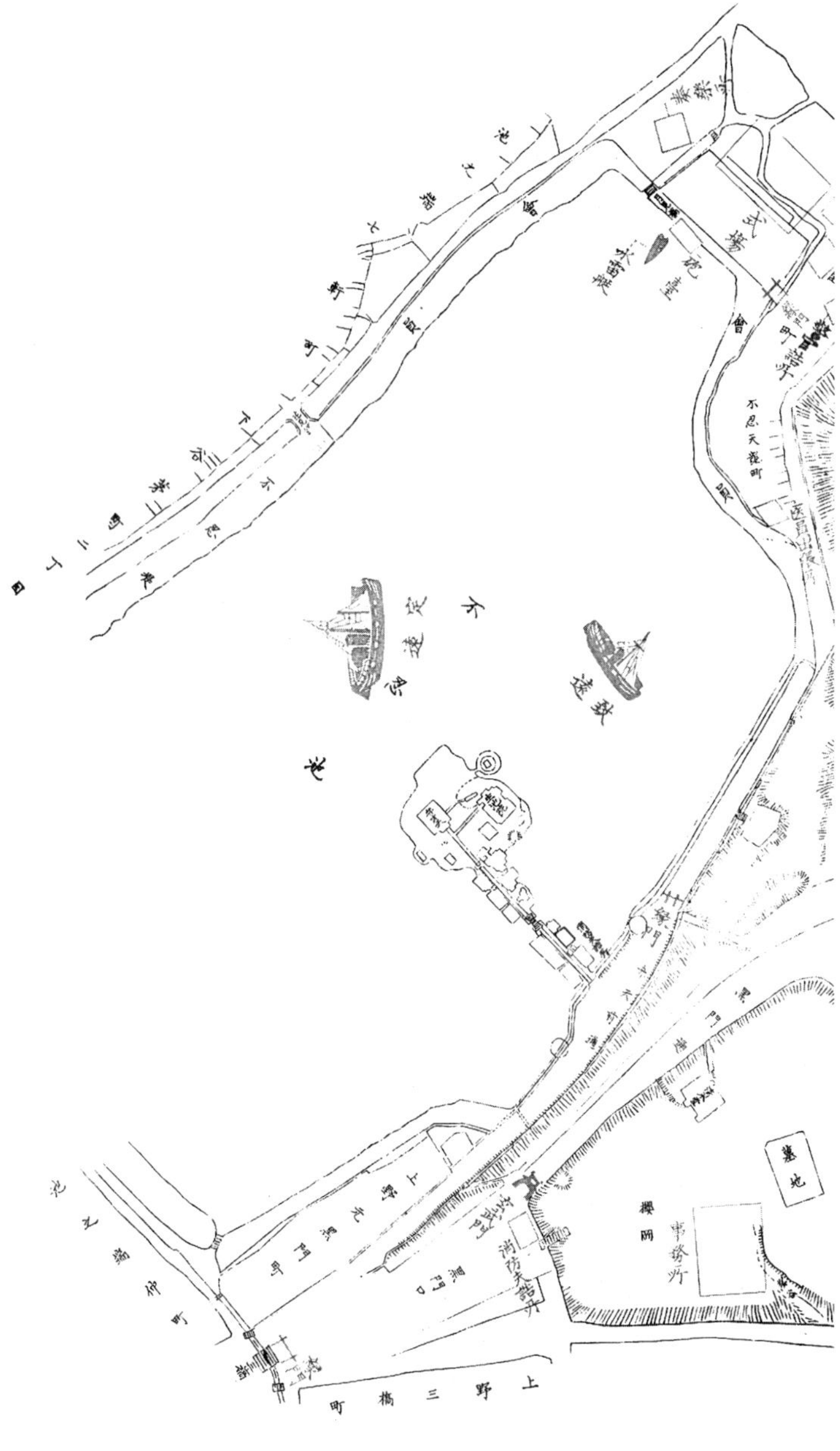

東京市祝捷大会会場図（土田政次郎編

第一章　栽松碑のある風景

アイアイのすむ森

不忍池に「アイアイのすむ森」が誕生したのは、平成二一年（二〇〇九）のことだ。アイアイばかりでなく、ワオキツネザル、クロキツネザル、ブラウンキツネザル、クロシロエリマキキツネザル、ハイイロジェントルキツネザル、シマテンレック、ヒメハリテンレック、マダガスカルゴキブリらが、希少動物の宝島ともいうべきマダガスカル島からやってきた。

ワオキツネザルだけには、不忍池に浮かぶ小さな島が与えられた。巨大なバオバブの木が、といっても擬木だが、高くそびえる。この島を経由して「アイアイのすむ森」へと渡る浮き橋も架かった。

その橋のたもとで、週に一度は過ごしている。水際までびっしりとビルが立ち並んでいるものの、不忍池と上野公園の上だけは空が大きく広がる。戦後すぐに、この池を埋め立てて野球場にしようとする話が持ち上がったという。東京オリンピックのころまでに江戸城の外濠をせっせと埋め立ててしまったぐらいだから、戦後の混乱期に、不忍池のひとつやふたつが姿を消したからといって驚くほどのことではないのかもしれない。そんな馬鹿な話がまかり通らずに本当によかったなあと、水と空とを眺めながらいつも思う。

そして、ある出来事が、この風景の中から立ち上がってくるのをじっと待っている。

栽松碑

何度も足を運んでいたはずなのに、その石碑の存在に気が付いたのはつい最近のことだった。ワオキツネザルの島に渡る橋が架けられたことで、はじめてそのあたりの岸辺に目が向かったのだろう。

高さは一メートルを少し越えるぐらいか。それほど大きな碑ではない。先端部が尖っている。正面に横書きで「栽松碑」と刻み、その下につぎの文が彫られている。

今茲資紀祭臺湾澎湖嶋之役
戦死病歿諸子之霊於不忍池
畔因為紀念栽松亦欲諸子烈
操與松不朽於千歳也

明治二十九年四月二十五日
祭主　伯爵樺山資紀
祭典委員　角田秀松
水野　遵
山本正勝
宮﨑憲之
大久保利武

すなわち、台湾での戦争が終結したあと、初代台湾総督となった樺山資紀海軍大将が戦死病没者の慰霊祭を行い、彼らの軍功を讃えて、この地に松を植えたのだった。常磐の松のように、その「烈操」は千年経っても朽ちない、はずなのに、肝心の松の木があたりに見当たらない。

上野動物園はわれ関せずとばかり、何の説明板も立てていない。なるほど動物園が敷地を不忍池畔にまで広げたのは戦後、埋立騒ぎのさらにあとのことで、それまでこの地は園外であった。

碑では「臺湾澎湖嶋之役」と表現された日本による台湾領有がどのように進行したのかを、

栽松碑

まずは確認しよう。明治二七年（一八九四）夏に始まった日清戦争は、翌年春になってようやく休戦協議に入った。まだ協議中である三月二六日に、日本軍は台湾海峡に浮かぶ澎湖島を占領、清国本土との交通に軍事的な圧力をかけた。その直後の三月三〇日に休戦協定の調印、さらに四月一七日に講和条約の調印が行われ、その結果として、台湾と澎湖島が日本の領土となった。以後、半世紀に及ぶ日本の統治が始まった。

この割譲は、のちのアメリカによる沖縄と奄美諸島の日本からの切り離しに似ているが、台湾が違っていたのは、独立を宣言したことにある。

フランスがこれに接近した。一時は軍事的介入も検討されたらしいが、当時はフランス領であったマダガスカル島で動乱が起こったため実現に至らなかった。栽松碑と「アイアイのすむ森」は思わぬところでつながった。

さて、フランスの支援を得られないままに、台湾は五月二三日に独立を宣言し、台湾民主国を名乗った。総統は清国の台湾巡撫であった唐景崧、国旗は黄虎旗、年号は永清と定められた。これに対し、日本軍は二九日に東北海岸の澳底より上陸を開始し、基隆、台北、淡水と侵攻し、瞬く間に北部を制圧、六月一七日には樺山資紀総督が台北で始政式を行った。一方の唐景崧総統は、独立宣言からわずか二週間で中国本土へと逃げ帰っていた。

しかし、それからの台湾民主国の抵抗は激しさを増し、日本軍は中南部を制圧するまでに、半年を要している。樺山総督による全島平定宣言が、ようやく一一月一八日に大本営に報告されたが、さらになおゲリラ戦はつづき、日本軍の戦死者はおよそ三〇〇人に上った。翌明治二九年（一八九六）六月、樺山資紀は台湾総督を桂太郎陸軍中将に譲ったから、不忍池畔での慰霊祭は在任中に行われたということになる。

捕獲品陳列

この年の冬に刊行された『臨時増刊風俗画報　新撰東京名所図会第二編　上野公園之部下』（東陽堂、明治二九年一二月二〇日）は、植樹から半年後の松と碑の様子を、絵入りで大きく伝える。説明文の一部を引用しよう。

「其の左右に捕獲鎮遠号の大錨を安き、巨弾十個を前に排列して、鉄柵に換られ、新竹地方の竹一叢を松に並へて栽られたり。実に最れ京観にして人心を奮起せしむるに足る」

なるほど、挿絵には、群がる見物人の背丈を凌駕する大きな錨が二つ碑の両側に直立し、右奥に竹叢らしきものが見える。そして、その背後に、不忍池の水面が茫洋と広がっている。

この挿絵に付されたキャプションはつぎのとおり。

「征清捕獲品陳列之図（不忍池旧馬見所の前）」

戦死病没者を悼んで松を植えたこの場所が、捕獲品、すなわち戦利品、古い表現では分捕品の一般公開に用いられていたことがわかる。鎮遠号は清国海軍の軍艦、明治二八年（一八九五）二月一七日に威海衛で捕獲され、その後は戦利艦として日本海軍に組み込まれ、日露戦争に参戦、大正一〇年（一九二一）まで使われた。

「捕獲品陳列」はまさしく「人心を奮起せしむる」ためであった。日清戦争、日露戦争と日本が勝利を重ねてゆく中で、敵から奪った戦利品が国民に戦意高揚をもたらす効果が認識され、こうした陳列所は市内各所に設けられてゆく。その最たる場所、聖地ともいうべき場所が、靖国神社の遊就館にほかならない。日露戦争後の同館は、展示スペースのおよそ三分の一を戦利品展示に充てていた。

「征清捕獲品陳列之図」
（『臨時増刊風俗画報　新撰東京名所図会第二編　上野公園之部　下』）

　また、宮城内には戦利品の倉庫が建設され、振天府と名付けられた。そこに運び込まれる戦利品は、むろん天皇に献上されたものだが、非公開かというとかならずしもそうではなかった。一定の条件を満たした人のみ見学が可能で、それは昭和になってもつづいた。北清事変で懐遠府、日露戦争では建安府、シベリア出兵で惇明府が建設され、合わせて御府と呼ばれた。

　都新聞社主筆の宮川鐵次郎は東京市会議員でもあったがゆえに見学を許され、のちに『振天府拝観記』（吉川庄一郎発行、明治三五年）を編集刊行している。そこには、つぎのような、聞き捨てならない一節がある。

「虎の斑紋を画ける大旗一枚畳んで台上

に在り、中将之を示して曰く、是れ台湾の独立を唱へ共和政府を建立せんとせし一群の旗幟なり、全面現すに虎斑を以てす、蓋し龍虎二つの者は支那人の崇拝する動物なるが故に、其母国たる清国旗龍を画くに因み、虎斑を用ひたるにあらざるか、其思想の幼稚平凡なる以て独立の功を奏せむ事思ひもよらずと一笑せり、余等も亦其旗の容体如何にも子供の戯れに作りたるもの丶如くなるを見て失笑せり」

台湾民主国の「黄虎旗」に向けられた彼らの「一笑」、あるいは「失笑」については、あとで問題にしなければなるまい。

さて、戦後になると、こうした戦利品の大半は、潮が引いたように、さっとその姿を消してしまった。その後の御府がどうなったかについて、宮内庁は何も明らかにしていない。それどころか、宮内庁のホームページが公表する皇居内地図に、そもそも御府が描かれていない。

ところが信じ難いことに、近年まで、隅田川両国橋東詰には、日露戦争戦死者たちの忠魂碑とともに錨と砲弾が置かれた一角があった。まるで明治の東京に迷い込んだかのようで、日清日露の違いはあるとはいえ、「征清捕獲品陳列之図」さながらの光景を目の当たりにすることができた。いや、もっと驚いたことに、鎮遠号の大錨は、岡山市の宗教団体「福田海本部」に保管されているという。

ある日の日清戦争へ

『風俗画報』の挿絵に付されたキャプションは、この地には馬見所があったことも教えてくれる。明治一七年（一八八四）から不忍池の周囲は馬場として使われており、競馬を観戦する建物が建てられていたからだ。

とはいえ、現代の競馬場のスタンドを思い浮かべると、実態から遠くかけ離れてしまうだろう。馬見所はむしろ神社か寺院に近い。当時、洋風建築を建てるのでなければ、たくさんの人々を収容するための建築は、神社や寺院のデザインを援用するほかなかったからだ。その後、上野公園で盛んに博覧会が開かれるようになると、第二会場として長く使われてきた。

こんなふうに、昔からここは人が集まる場所だった。池に張り出したウッドデッキでコーヒーを飲みながら、私は明治二七年（一八九四）一二月九日が来るのをじっと待っている。そう、そのためには、時計の針を百年以上も巻き戻さねばならない。

うまく行けば、目の前の不忍池から「アイアイのすむ森」もワオキツネザルの島もバオバブの木も姿を消し、池畔に迫ったビル群もひとつ残らずなくなり、茫洋とした水面だけが浮かび上がってくる。そして、そこには清国海軍の定遠号と致遠号に似せたハリボテの軍艦が、煙を上げながら姿を現すはずだ。もうしばらく、このままで待つことにしよう。

第二章　上野のお山で

明治二七年一二月の東京へ

いつの間にか眠ってしまったらしい。肌を刺すような冷たい風に吹かれて、思わず目を覚ますと、あたりの風景は一変していた。たしか、私は、上野動物園の不忍池に張り出したウッドデッキで、熱いコーヒーを飲んでいたのだった。

目の前には、大きな池が広がっている。「アイアイのすむ森」も「ワオキツネザルの島」もない。それらをつなぐ浮き橋も姿を消してしまった。それどころか、弁天堂から池之端や湯島方面へと渡る道もなければ、ボート場もない。前回話題にした池畔の栽松碑も見当たらない。

背後にあったモノレール駅の代わりに、神社か寺院のような大きな木造の建物が建っている。不忍池に向かって舞台を張り出したスタイルは、そうだ、少し歩いたところにある清水堂に似ている。

上野の寛永寺は京都を意識して建てられた。そもそも東叡山という山号が「東の比叡山」を意味し、延暦寺・寛永寺ともに、その名称に元号の使用を勅許された格別な寺であった。不忍池を琵琶湖に、そこに浮かぶ弁天堂を竹生島に、そして清水堂を清水寺に見立てたから、当然、そこにはあの「清水の舞台」も用意され、不忍池を眺める人気のスポットとなった。広重も『名所江戸百景』に加えることを忘れなかった。慶応四年（一八六八）五月一五日のたった一日で終わった上野戦争では、寛永寺の大伽藍が灰燼に帰したが、清水堂はそれをも生き延びた。

明治になって不忍池畔が競馬場となると、清水堂のスタイルをまねて建てられたのがこの馬見所なのだろう。観客は舞台から観戦することになる。いやいや、さっきまで私が座っていた上野動物園のウッドデッキだって、その姿を何度も変えながら到達した最後の場所のはずだった。ただし、馬の代わりに眺めるものは、マダガスカル島から連れて来られたサルではあるが。

あたりを、たくさんのひとびとが慌ただしく動き回っている。狙いどおりに、明治二七年（一八九四）一二月九日の東京に着くことが出来たのだろうか。これまでにも何度か、こうした時間旅行を重ねてきたが、これほどのピンポイントで目標を定めたことはなかった。

「しめた、こいつは幸先がいい」と喜んだのも束の間、近くで働く職人たちが、親方らしき男から「さっさとやらねえと、明日に間に合わねえぞ」とはっぱをかけられている。

どうやら一日早く、一二月八日の東京に着いてしまったらしい。

職人たちは、団子坂の菊細工で名高い山本の配下だという（『日清戦争実記』第一二編）。菊細工の山本といえば、安本亀八と人気を二分した人形師山本福松のことだろう。

ちょうど菊人形のシーズンが終わったところだ。この秋は時局に便乗、日清戦争ものでずいぶんと稼いだに違いない。早くも夏の終わりに、新聞は「今年は俳優似顔をやめ、どこも日清韓事件に取り組む」と報じて、戦争一色になることを予想していた（『読売新聞』明治二七年八月二六日）。そういえば、発売されたばかりの『戦国写真画報』第三巻（明治二七年一一月二九日、春陽堂）は、写真頁を折り込んで、「東京団子坂日清戦争之菊細工」と題して、戦場の四場面を大きく紹介している。

団子坂の菊細工

団子坂といえば菊人形、菊人形といえば団子坂。植惣、種半、植梅、植重といった植木屋が始めた小屋が立ち並んで、毎年出し物を競い合った。両国国技館での大掛かりな菊人形が人気を呼ぶのはもう少しあとのこと、それに刺激を受けて、大阪枚方で菊人形が開かれるようになるのはさらにあとのことだ。

少しのちのことだが、団子坂の賑わいを、夏目漱石が『三四郎』（明治四一年）の中でこんなふうに描いている。

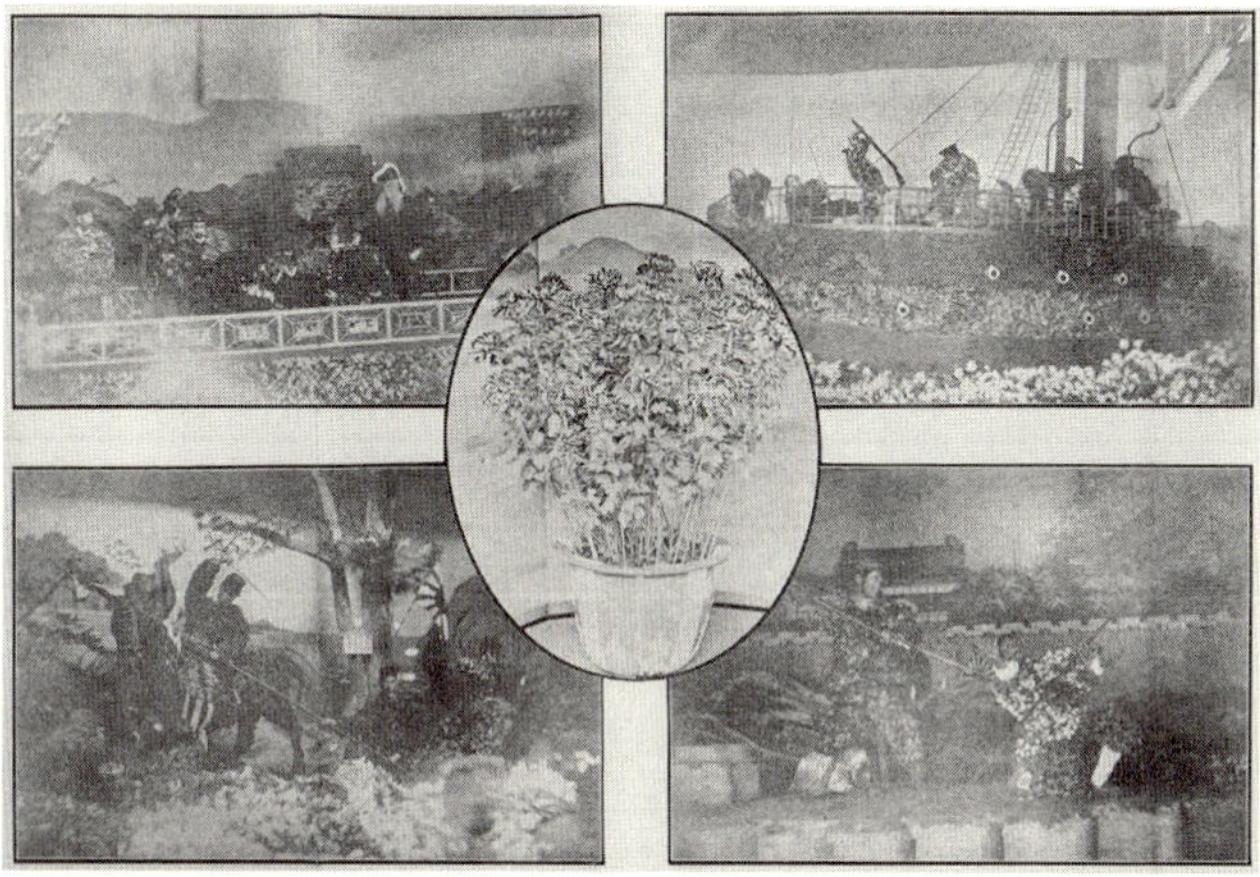

「東京団子坂日清戦争之菊細工」（『戦国写真画報』第三巻）

「坂の上から見ると、坂は曲がっている。刀の切先の様である。幅は無論狭い。右側の二階建てが左側の高い小屋の前を半分遮っている。その後には又高い幟が何本となく立ててある。人は急に谷底へ落ち込む様に思われる。その落ち込むものが、這い上がるものと入り乱れて、路一杯に塞がっているから、谷の底にあたる所は幅をつくして異様に動く。見ていると眼が疲れるほど不規則に蠢いている」そして、「見物は概して町家のものである。教育のありそうなものは極めて少い」と、ずいぶんひどいことを言っている。

団子坂から不忍池は目と鼻の先である。職人たちが取り組んでいるのは二艘の軍艦だった。大が清国海軍の定遠号、小が同じく致遠号を模したものだ。模擬軍艦とはいえ、不忍池に浮かべて周囲から眺め

「摸造定遠号及致遠号」（『東京市祝捷大会』）

ようというのだから、それなりに大きい。定遠号は長さ二一間（およそ三八メートル）、幅四間半（およそ八メートル）、マスト二本、煙突二本、大砲四門を備える。致遠号はそのちょうど半分の大きさである。設計に際して、海軍省の指導も受けたという。

完成すれば、これに京橋区畳町に事務所を構える広目屋、今でいう広告業の人夫が、今なら定めしバイト学生が、清国水兵の衣装に身をかためて乗り込み、石炭を焚いて、煙突から煙を上げる手はずになっていた。しかし、まだ当分は、二艘とも池の真ん中へと乗り出しそうな気配にない。しばらく上野公園をぶらついて、時間をつぶすことにしよう。

池に沿って少し歩くと、上野の山へと上る石段がある。登り切った先が東照宮で、長い参道をショートカットして社殿のすぐ前に出る。ずらりと奉納された銅製の燈籠は見事で、まるで甲冑に身を固めた歴戦の大名たちが、徳川家康の御前に勢揃いしたかに見える。

上野大仏

一瞬、赤い兜をかぶった武者の姿が目にとまった。それならば、それは間違いなく、家康に仕え、関ヶ原の戦のあとは近江佐和山城主となって京都に睨みをきかせた井伊直政の姿ということになる。赤い甲冑を目印としたその軍団は「井伊の赤備え」と恐れられたからだ。

彦根藩初代直政から数えて一三代目に当る直弼の銅像を建立しようという話が旧家臣の間で興ったのは、今が明治二七年だから一二年前、明治一五年（一八八二）のことである。そして、直弼像の実現を願った場所が、まさしくこの東照宮境内であった。

一〇人の建碑委員が名を連ねて政府に提出した建碑許可願には、二カ所の「建碑請願之場所」を示した地図が添えられていた。不忍池から上がってきた先ほどの道の左側、社殿のすぐ脇が一カ所、右側、参道入口の鳥居の脇がもう一カ所で、これら二カ所を示したのは、単に個人の功績を表すものを東照宮近くに建てるのは畏れ多い、しかし、旧家臣らの衷情も無視できず、遠く離れた場所なら可とする見解を東照宮が示したからで、この意見書を付して、請願書は当時上野公園を管轄していた農商務省へと届けられた。

旧彦根藩士らの願いは、さらに太政官まで上がったが、最後に至って却下された。公園とはその風致をひとびとが楽しむ場所である。いったん銅像建設を許せば、同様の希望はつぎつぎと寄せられ、公園はまるで墓地のようになってしまうというのが表向きの理由だが、実は、井伊直弼の顕彰が薩長政権の受け入れるところではなかった。

ともあれ、そこで食い止めたからよかった。周囲を見渡しても、上野公園にまだ銅像はひとつも建っていない。西郷隆盛像の実現にはあと四年、小松宮彰仁親王像の登場となると、あと一八年も待たねばならない。

参拝を終えて参道を引き返すと、右手に、清水堂とともに上野戦争を生き延びた大仏の姿が見えてくる。明治初年には大仏殿が取り壊されたというから、ご覧のとおり、鎌倉大仏同様に露仏、すなわちむき出しだ。寛永八年（一六三一）の建立という。うっかりしていたが、これこそ上野公園開設前からの先住民、ならぬ先住銅像であった。

ちなみに、この上野大仏は大正一二年（一九二三）の関東大震災で首をころりと落としてしまう。幸い、山下まで転げ落ちてはいかなかったが、寛永寺の蔵に納められ、やがて胴体は金属供出に遭い、顔面だけの復活が成ったのは、ようやく昭和四七年（一九七二）、関東大震災五〇回忌を期してのことだった。

いや、せっかく明治二七年の東京にやってきたのだから、あまり未来を語ることはよしておこう。それに、万一他人の耳にでも入ったら、「なぜそんなことを知っているのか」と、やっかいなことになりかねない。

大仏の近くでも、大勢のひとびとが働き、明日の準備に余念がない。ここでは丸太を組んで、大きな壁をつくっている。柱を立て、提灯や万国旗を吊るす作業も始まっている。

彰義隊墓所

このあたりから林が切れて、公園は大きく開ける。竹の台と呼ばれる場所だ。もともとは寛永寺の伽藍の中心で、延暦寺同様に、ここには根本中堂が建っていた。上野戦争の戦闘で焼け落ちたというよりは、戦い済んで官軍が火をかけた。いったんは敗走した彰義隊が形勢を挽回して、根本中堂を拠点とすることを恐れたからだという。三日三晩燃えたそうだ。

この山で死んだ彰義隊員はおよそ二〇〇人、「賊軍」ゆえにその遺骸は放置され、見るにみかねた三ノ輪の円通寺住職が荼毘に付したという。しかし、この俗説はいつまで「放置」されたかを明らかにしない。江戸の町で、数百体の遺骸を放ったらかしにすることは、何よりも衛生上許されないだろう。なにしろ旧暦五月といえば、梅雨の真っ最中なのである。

明治七年になって、寛永寺から東京府知事大久保一翁に宛てた願書では、戦争が終わった三日目には、官軍参謀であった河田佐久馬から「死骸至急取片付之儀」を命じられ、「清水堂脇奥之方へ埋葬仕候」とある（山崎有信『彰義隊戦史』隆文館、明治四三年）。

この願書は、七回忌を機に墓碑の建立を求めたもので、許されて、関係者により青銅製円柱の大きな墓が建てられ、のちに現在の墓石に変わった。彼らの「義」を「彰」かにすることをなお憚ってか、石の表面には「戦死之墓」としか刻んでいない。墓は、山王台と呼ばれる上野台地がすとんと落ちる切っ先にあり、そこからは眼下に東京の町が見渡せる。

冬の日は短い。まさか野宿というわけにはいくまい。今夜の宿を求めて、そろそろ山を下りることにしよう。

第三章　市村座見物

明治のスカイツリー

彰義隊の墓参りを済ませたあと、石段を下って、上野広小路へと出た。

このまままっすぐ南に向かって神田を目指すか、それとも東に向かって浅草に出るか、思案のしどころである。

私には神田も浅草も馴染みの町で、それぞれに頼るべき知人がいる。しかし、今は明治二七年一二月八日の東京を歩いているのだから、神田・浅草どころか、日本中に誰ひとり知り合いはいない。

明日の東京市祝捷大会は、日比谷公園に朝七時半集合、号砲二発を合図に上野公園に向かって出発という予定だから、再びここに戻ってくることにはなるが、今夜は少しでも日比谷の近くに宿をとった方がよさそうだ。

さっき、彰義隊の墓前に立った時、東の方角に、浅草寺本堂の大屋根と五重塔に並んで、それらをはるかに凌ぐ浅草十二階の姿が見えた。正しくは凌雲閣と称するのだから当たり前だろう。町並みからのその突出ぶりは、平成の東京スカイツリーに匹敵する。実際、隅田川の向こう岸に建つスカイツリーも、上野の山からはほぼ同じ位置に見える。そして、十二階のさらに右手には、日本パノラマ館の大きな丸屋根も見えた。

やっぱり、ここまで来て、浅草を素通りはできない。墨田川を下って一気に都心へと出る船便もありそうだし、なければ、浅草橋に向かって歩けばいい。神田川を渡れば、馬喰町にきっと安宿があるだろう。

その前に、寄ってみたいと思っていた芝居小屋がある。たしか五日前から、市村座に川上音二郎一座の「日清戦争戦地見聞日記」が掛かっているはずだ。場所は下谷二長町（現代の台東区台東一丁目）、東南の方角に歩けばすぐである。

戦争劇の秋

川上音二郎が壮士芝居を引っさげて、東京に進出したのは今から三年前のことだった。翌明治二五年春、市村座で上演した「ダンナハイケナイワタシハテキズ」は、演目名が評判になった。すなわち「旦那はいけない、私は手傷」、熊本神風連の乱の際に、鎮台司令官種田政明少将の妾小勝が送った電報をそのまま題名にしたもので、一度聞いたら忘れられない。

しかし、当時『東京日日新聞』に劇評を書いていた岡本綺堂に言わせれば、「それは全くイケナイものであった。狂言といい演技といい、俗受け専門、場当たり専門、実にお話にもならないもので、わたしは苦々しいのを通り越して腹立たしくなった」（『明治劇談　ランプの下にて』岩波文庫）と手厳しい。もっとも、新聞紙上での酷評は、綺堂も述懐するとおり、「かえって彼らの逆宣伝」になってしまった。

ところで、川上音二郎は昨年になって突然行方をくらまし、今年の正月、一年ぶりに姿を現した。フランスに渡っていたというからびっくり仰天。その成果を、浅草座にて、「意外」、「又意外」、「又々意外」と連続上演し、大当たりをとった。最後の「又々意外」では、舞台に蒸気機関車まで登場させたという。その勢い衰えぬままに、日清戦争が勃発すると、今度は時流に乗り換え、八月末より「壮絶快絶日清戦争」を同じく浅草座で上演した。

「新聞の戦争記事の切抜きのような、芝居らしくないものであったが、真っ先に際物を出しただけにその人気は素晴らしいもので、川上と藤沢が新聞記者に扮していたが、高田実の李鴻章が非常に評判がよかった」と、さすがの綺堂も、「抜け目のない川上音二郎」に一目置かざるをえなかった（同前）。

人気を博した第五幕目「李将軍面前痛論の場」は、川上演じる比良田鉄哉と李鴻章の対決の場面である。その前幕「北京城内軍獄の場」での比良田と藤沢浅次郎演じる水沢恭二の遣り取りが、同じ一座の高浪定二郎の声色で録音されている。信じられない話だが、のちに明治三三年になって、パリに渡った川上一座の演芸が、グラモフォン社によってこんなふうに録音されていた。

水　沢「比良田、比良田、もう決心をせんけりゃァいかんねェ。」
比良田「改まって、決心とは……ナナ何だ。」
水　沢「こうして食事まで絶たれておって、いったん一度は李将軍の面前に突き出されて、僕ら二人の命は取られるんだ。そうして恥辱を受けるより、僕ァ潔く死ぬつもりだ。」
比良田「何だ、水よ、未だ自由も達しないのに、こんな処で死なれるものか。」

こちら（明治二七年の東京）に来る前に、むこうで（未来の東京で）、私はCD『甦るオッペケペー一九〇〇年パリ万博の川上一座』（東芝EMI、一九九七）を聴いた。しかし、それは恐ろしく早口で（録音の状態が悪いのかもしれない）、実は何を言っているのかよく聴き取れなかったので、今回、本物の川上一座をぜひともこの目で見たかったのだ。

歌舞伎も戦争に飛びついた。明治座で「会津　明治組重」が、歌舞伎座で「海陸連勝日章旗」が上演されたが、結果は散々だった。これまた綺堂の受け売りになるが、歌舞伎役者は太刀や槍を持っての立ち回りには馴れていても、銃や剣を使いこなせず、軍服姿も珍妙なものであった。水夫に扮した市川団十郎、兵卒に扮した尾上菊五郎の写真が残っているが、なるほど冴えない。素人の無茶苦茶な立ち回りがかえって本物の戦争らしいと、書生俳優を集めた川上一座に軍配が上がった。

「抜け目のない川上音二郎」は、一〇月に入ると突然「壮絶快絶日清戦争」に幕を引き、軍の許可を得て従軍してしまう。二三日の晩に新橋駅を出発、晋州、大邱、漢城と朝鮮半島を北上し、平壌にまで足を伸ばしたらしい。平壌は、すでに九月一六日に日本軍の手に落ちていた。そして、ひと月後の一一月二一日に帰京するやいなや、市村座に掛けた芝居が「日清戦争戦地見聞日記」なのである。

開幕を前に、一一月二五日の『読売新聞』が、こんなすごい記事を載せている。

「日清劇素材収蒐の為渡韓したる川上音二郎は、平壌九連城附近視察の際、清兵の死骸より衣服・刀・剣・旗幟・軍帽、其他種々の物を剝奪して持帰りたれば、此度の演劇には件の実物を利用して可成写実的に演ずるといふ」

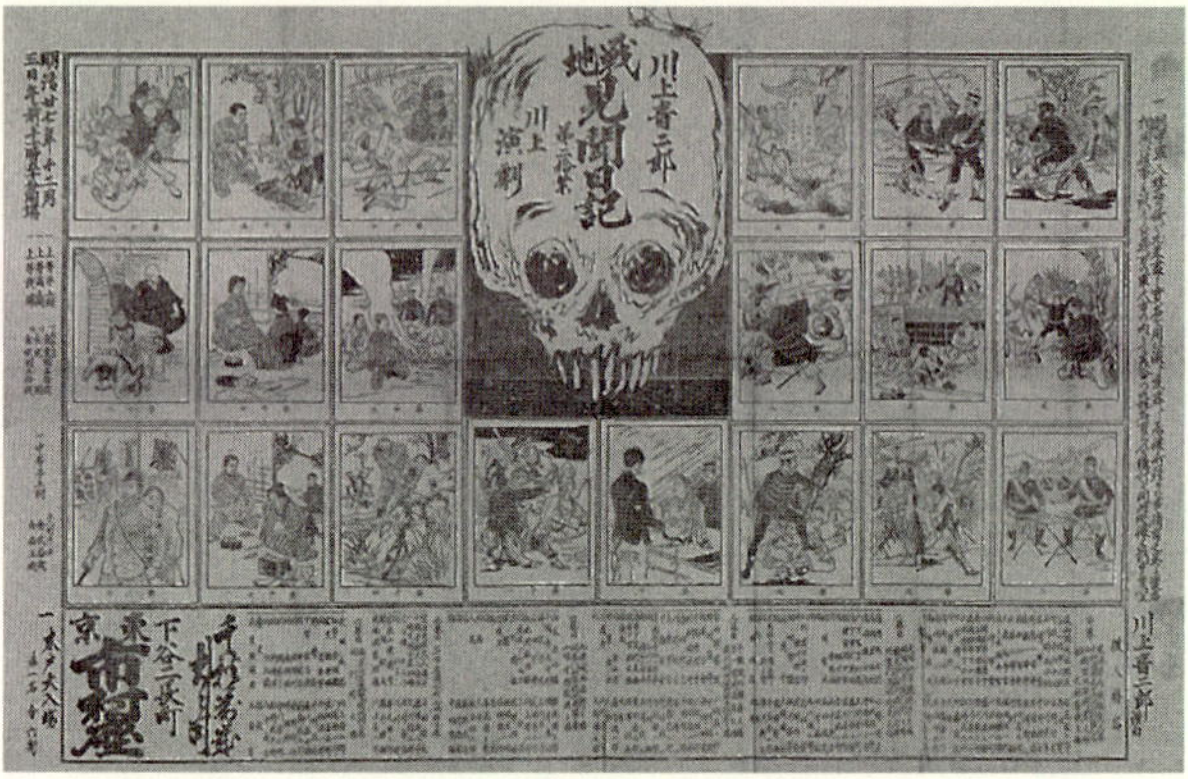

「日清戦争戦地見聞日記」絵番付（早稲田大学演劇博物館蔵）
（『川上音二郎・貞奴展』図録，茅ヶ崎美術館，平成23年）

川上自身が「剝奪」したかはともかく、そこまで写実に徹した演劇とは、今なら特派員による戦場レポートということになるだろう。

真気活現

市村座は中村座、河原崎座と並ぶ江戸三座のひとつ、ようやく明治二五年になって猿若町を離れ下谷二長町に移転した。ところが、翌年に火事に遭い、再建成ったばかりだった。

劇場の前には、「日清戦争戦地見聞日記」や役者の名前を染めた幟がはためいている。開場は一〇時五〇分、開演は昼前だから、もうかなり芝居は進んでしまっただろうが、雰囲気だけでも味わってよしとしよう。木戸銭六銭を払って、大入り場に入った。こちらに来る前に、コインショップで両替しておいてよかった。

ちなみに、先に紹介した『明治劇談 ランプの下にて』の中で、岡本綺堂が歌舞伎座と明治座の入場料を比較している。歌舞伎座は、桟敷一間四円四〇銭、高土間三円三〇銭、平土間二円四〇銭（いずれも一間五人詰の料金）、大入り場二〇銭、明治座はそれぞれ一〇銭安だから、これらに比べると、桟敷二円五〇銭、高土間二円、平土間一円五〇銭の市村座はかなり安いことがわかる（絵番付『川上音二郎戦地見聞日記』）。

「日清戦争戦地見聞日記」は六幕一七場から成る。舞台では四幕目が始まったところらしい。日本軍陣地で、焚火にあたりながら、将軍と民間人が会話を交わしている。帽子をかぶり、肩に鞄を掛け、左腕に腕章を巻いた民間人が川上音二郎で、木戸を入る時に手に入れた絵番付に目を落としたら、なんと、川上の役柄は「戦地視察俳優」ではないか。つい先月まで、川上が経験してきたことをそのまま再現していることになる。

すぐ後ろに控える朝鮮服の若者は「戦地視察俳優従者チヤムナ」、役者名は「丁無南」とあり、本名（?）のまま、そして私服（?）のまま、舞台に上がっているようだ。丁無南は現地で川上の通訳を務め、そのまま日本に連れて来られた（『都新聞』一一月二二日）。これまた、現実と演劇とが交錯している。

やがて、舞台は野戦病院に変わり、阪井恵司演ずる小嶋歩兵中尉戦死の場面となる（口絵）。息を引き取る寸前に、小嶋が川上に手紙を託すと、再び舞台は一転、「名古屋清水町小島邸の場」となり、川上が小嶋中尉の遺族に戦死の様子をためらいつつ語り聞かせている。早変わりした阪井恵司が近所の娘「おかつ」となって登場したことに、絵番付を見なければ気づかなかっただろう。

一一月二八日の『読売新聞』は、小嶋中尉を小原少佐と実名で呼び、「同少佐が、野戦病院にて銃傷の為め戦死の間際に川上に面し、名古屋なる家族の許へ伝言を依頼されたる当時を其の儘写真的に演ずる由なり」と報じる。

たまたま一昨日、依田学海が市村座に足を運んでいる。「此場、本日第一等の妙処なりき」と高く評価し、音二郎に「真気活現」の書を与えたことを、その日の日記に記した（『学海日録』一二月六日条）。

もともと学海は、従来の歌舞伎が復讐、情死、盗賊を演ずるばかりと嘆き、文明開化の日本にも西洋人に堂々と見せることのできる演劇が必要であるとして、明治一九年に創立した演劇改良会の発起人に名を連ねた人物である。音二郎の登場を歓迎し、二四年夏には、川上一座に学海の狂言「拾遺後日連枝楠」を演じさせている。その直後、岡本綺堂によれば、「彼らに何か不信の行為があったとかいうので、癇癖の強い学海居士は忽ち彼らと絶縁してしまった」（『明治劇談　ランプの下にて』）そうだが、書を贈ったというぐらいだから、縒りは戻っていたのだろう。

ともあれ、こうした筋書きと演技に加えて、戦場から持ち帰ったものが小道具として使われているのだとしたら、岡本綺堂の嫌う「俗受け専門」、その通俗性、写実性、時事性ここに極まれりという感じだ。場内やんやの喝采のうちに幕が引かれ、興奮醒めやらぬ見物たちに押されるようにして外へ出た。

第四章　玉乗り未練

下谷二長町の市村座を出て浅草に向かう途中、十二階こと凌雲閣がよい目印になった。明治二三年に鳴り物入りで開業して、もう四年になる。今ではすっかり東京の新名所だ。帝国大学で衛生工学を教えるイギリス人ウィリアム・バルトンが設計したという。高さはおよそ五二メートル、一〇階までが煉瓦造、それから上が木造で、中にはたくさんの売店が入り、アメリカ帰りの写真師小川一真が「百美人」、「吉原美人」、「日本百景」など数々の写真展を開いてきた。

日本パノラマ館

むろん、売り物は階上テラスからの展望である。開業時にはエレベーターで八階まで一気に上ることができたが、その筋より危険視され、翌年には早くも運行が止められた。だから今は階段を歩いて上るしかない。

しかし、今年六月二〇日の地震でもわずかな亀裂を生じただけで済み、逆にその堅牢ぶりを

日本パノラマ館「ヴィックスバーグの戦」絵ビラ

証明した。しばらく休業して補強工事を行い、再開されたばかりだった。

『都新聞』（一〇月二五日）は「最早如何なる強震に逢うともビクともせず」と書き、未来の東京から私が携えてきた『臨時増刊風俗画報 新撰東京名所図会』もまた、十二階の項を「永久震災の危莫かるべし」と結んでいる。

もちろん、関東大震災で真ん中からポッキリと折れるまであと三〇年は大丈夫だと知ってはいるが、今回は足を踏み入れなかった。怖じ気づいたからではない。その手前の日本パノラマ館に吸い寄せられてしまったからだ。

入場料は一〇銭、木戸銭六銭だった市村座よりも少し高い。それを払って、ついでにパンフレットも買って、床下の薄暗い通路を進んだ。

棕櫚のマットが敷き詰めてあるのは、足音を消すための工夫らしい。螺旋階段を上って展望台に出ると、ぱっと明るく照らされ、いきなり別世界へと連れ込まれた。

三六〇度の壁面に連続して描かれたアメリカ南北戦争「ヴィックスバーグの戦」の光景は、圧倒的な迫力で私を包み込んだ。壁の高さは一〇メートルを優に越える。展望台のひさしに遮られて、絵の上端部が見えない。また展望台の下からは人工の地面が広がり、絵画に連続して、両者の境界はほとんどわからない。その地面には、大砲や小銃、サーベルなどが置かれていた。パンフレットによれば、それらは「南北戦争時代に用ひたる実物」であった。戦争を追体験させる際のこうした趣向は、市村座で見てきた川上音二郎一座の「日清戦争戦地見聞日記」が、やはり舞台に戦場から持ち帰った清国兵の衣服・刀・剣・旗幟・軍帽の実物を登場させたことに通じる。

「なんという驚くべき欺瞞」と江戸川乱歩が述べたとおりだ（『パノラマ島綺譚』春陽文庫）。風景の中から逃れたくても逃れられない息詰まるような体験だった。

ただし、観客はまばらだった。それはそうだろう。日本パノラマ館の開業は十二階と同じ明治二三年、以来四年間、出し物が変わっていないのだから飽きられても仕方がない。パノラマ館から一歩外に出れば、世の中は日清戦争の相次ぐ勝利に沸き返っているというのに、内部は相も変わらぬ南北戦争図（そもそもがアメリカから渡って来た中古品）では、もはや閑古鳥しかやって来ない。そういえば、十二階でさえ、「大勝利海陸戦争実況」という看板を出していた。

もちろん、経営者たる日本パノラマ会社が手をこまねいていたわけではなかった。しかし、大画面を日清戦争図に変えるまでには、あと一年半の時間が必要だった。のちに「三十余名の助手と、四ケ月間の日子と、一万余円の費用を要し」（『新撰東京名所図会』第三編）て制作に当たることになる画家小山正太郎は、やはり戦地を取材に訪れ、一〇月二四日に帰国したばかりだった。

この秋は、小山のみならず、浅井忠、黒田清輝、山本芳翠といった当代を代表する画家たちが、相次いで海を渡り、従軍している。その成果は新聞や雑誌の挿絵となって少しずつ示されてはいるものの、油絵による、たとえば浅井忠の「旅順戦後の捜索」（第四回内国勧業博覧会出品・東京国立博物館蔵）のような大作の登場までにはどうしても時間がかかる。

彼ら「戦地視察画家」たちに比べれば、「戦地視察俳優」が間髪おかずに実現させた舞台は、さすがに「抜け目のない川上音二郎」（岡本綺堂『明治劇談 ランプの下にて』）だと脱帽せざるをえない。

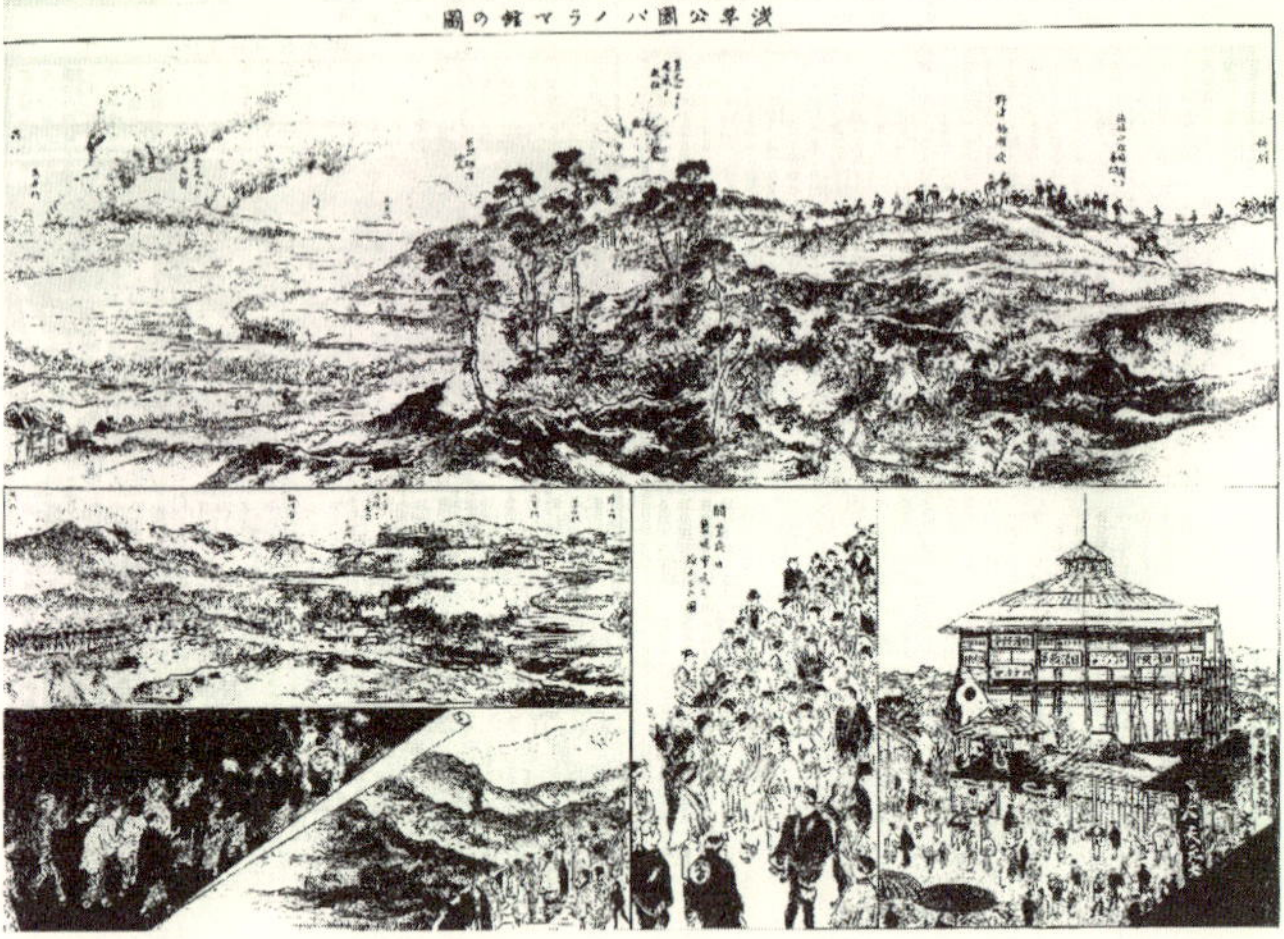

浅草公園パノラマ館の図

（『臨時増刊風俗画報　新撰東京名所図会　第三編　浅草公園之部　上』）

川上動物園

いやはや、本当に抜け目がなくて調子のよい男だ。浅草に来て、また音二郎の噂を耳にした。「自分は新聞記者の役、興行前にまず宣伝とあって、新調の背広に鳥打帽子、両肩から望遠鏡と水筒を綾にかけ、脚半わらじという物々しい扮装で浅草公園あたりをブラつく、やあ川上だ、と野次がぞろぞろ」（山本笑月『明治世相百話』中公文庫）。

それから突然、前触れもなく、本物の新聞記者たる山本笑月の家を訪ね、「どうです、新聞記者と見えますかね」といった調子で、ついでに笑月が飼っていたサルを「おお、いい猿ですな、顔つきが素敵だ」と褒め上げ、とうとう譲り受けてしまう。後日、笑月が自ら音二郎宅にサルを届けると、市村座の舞台に上がっていた朝鮮人のチャムナン（丁無南）がタヌキの世話をしていたという。さらにクマまで手に入れた音二郎は、二年後に建てた川上座の一隅に小動物園を設けて、「子供連れの観客は大喜び、幕間にはこの方が大入り大繁昌」と相成った（同前）。

あんまり寄り道はできないけれど、この話を聞いて頭に浮かんだ人物がひとりいる。安藤政次郎といい、明治初めの横浜で新聞売りとして名を馳せた。半纏に身を包み、肩に新聞を入れた箱をかついだ、どこから見ても「明治のイケメン」の凛々しい姿が彩色写真で残されている（横浜開港資料館蔵）。小柄であったが故に「新聞小政」と呼ばれ、自らもそのように改名、五世尾上菊五郎が演じて芝居にもなったという人気者だった（上田由美「新聞小政と動物園」『開港のひろば』第八七号、同館）。

明治二〇年には生まれ故郷の豊橋に戻って養豚業を始め、その後三二年になって動物園を開業、「安藤動物園」と称した。ライオン、トラ、クマ、ワニ、ラクダ、オオカミ、ツル、ペリカン、ニシキヘビ、カワウソまで飼育していたというから本格的である（同前）。政次郎の死とともに動物園は豊橋市に寄贈され、昭和六年に豊橋市立動物園が開園した。これが豊橋総合動植物公園の前身である。園内には立派な「安藤政次郎翁追憶之碑」が建っている。

「池の前猿店の図」
(『臨時増刊風俗画報 新撰東京名所図会第五編 浅草公園之部 下』)

動物園の歴史を語る際に、明治期のそれは上野動物園に終始しがちだが、こうした私設動物園を忘れてはならないだろう。そして、私は今、そのような動物園のすぐ前にまで来ている。

花屋敷

花屋敷の名に反して、そこには植物ばかりでなく、動物も展示されていた。入園料は三銭、これまでで一番安い。ほかならぬ笑月こと山本松之助が、花屋敷の経営者山本金蔵の息子である。弟に、やはりジャーナリストとなった長谷川如是閑、画家の大野静方がいる。

幕末に植木屋森田六三郎が始めた浅草花屋敷は、早くから動物も飼育していた。万延元年に訪れたイギリス人園芸学者ロバート・フォーチュンが「緑色のハト、斑点のあるカラス、立派な大ワシ、金銀の羽を持ったキジ、オシドリ、ウサギ、リスなどが目についた」（『幕末日本探訪記　江戸と北京』講談社学術文庫）と書いている。花鳥茶屋、孔雀茶屋、鹿茶屋など、植木と鳥獣をいっしょに楽しむ茶屋はよくあり、浮世絵にもしばしば描かれている。

明治を迎えて浅草公園が生まれ、新しい時代の波に花屋敷が翻弄される様子は、小沢詠美子『江戸ッ子と浅草花屋敷』（小学館）に詳しい。明治一九年を境に、経営権は三代目森田六三郎から山本金蔵・松之助の手に移った。クマ、ヒツジ、シカなどの大型動物が加わった。昨二六年四月には、浅草観音の開帳に当て込んで、金蔵が牝の小ゾウを手に入れ、碁盤乗りや乱杭渡りの芸を仕込んで人気を博した。開帳が終わると、「虎と豹を加えて名も恐ろしい「猛獣曲芸会」、六区の青木の小屋（今の大勝館の場所）で興行。当時洋画家から新俳優になった水野好美が油画の看板は写生的の凄いもの」（『明治世相百話』）と、その賑わいぶりを笑月が教えてくれる。

さらに、ひょうたん池の前には猿店がある。上下二本の丸太の上に、鎖につながれたサルがおよそ二十頭、いずれも袖無しの衣装を着せられ、客に向かって餌をねだっている。傍らで、若い娘が人参を刻んで柄杓に入れ、「お猿に与て下さい」と勧めている。柱には、「動物に手を出すべからず」だの「御持参の喰物は御断申候也」だの、現代の動物園同様の貼紙がある。私は店先に立って、喧噪もサルたちの臭いもたっぷり味わったが、読者のみなさんは『新撰東京名所図会』第五編に掲載された「池の前猿店の図」で、せめてその光景だけでもご覧になるとよい。

奥山閣

浅草公園の賑わいにもかかわらず、東京府に納める借地料が馬鹿にならず、花屋敷の経営は行き詰まっていた。実は、私が訪れたのは、万策尽きた金蔵がその経営権を駒井栄次郎なる人物に譲り渡した直後のことだった。

足掛け十年にわたった金蔵の花屋敷経営で最大の事業は、奥山閣の移築であっただろう。それは本所四ツ目の材木商信濃屋丸山伝右衛門、通称「シナ伝」が贅を凝らして建てた木造四階建ての楼閣で、商売が傾いて放置されていたところを金蔵が買い取り、陳列所の名目で東京府の許可を得て、花屋敷に移した。浅草奥山にちなんで「奥山閣」と名付けた。煉瓦造の地階を加えて五層とし、屋上に大きな鳳凰を載せ、明治二一年四月に一般公開された。

紫檀・黒檀・花林・タガヤサンなど名木奇材をふんだんに用いた中国風の楼閣、噂どおりの奇怪な建物で、神田祭や山王祭で曳き回された山車にちょっと似ている。西洋風の一二階とは好対照だが、ともに関東大震災で倒壊するまでは仲良く並んで、浅草の絵葉書に収まっている。

まだまだ浅草公園で過ごしたかったが、こんなことをしていたら日が暮れてしまう。人気の江川一座の前は、招きの女の子たちが明治のレオタード「肉襦袢」に身を包んで、玉乗りを演じて客を引く様子をちらりと横目で見ながら通り過ぎた。小屋に入らなかったことを、きっと後悔するだろうな。

第五章　東京の暗さ

いろは牛肉店

観音様への参拝を済ませ、慶応元年の大火で焼失したまま再建されない雷門の跡を抜け、浅草橋に向かってまっすぐ歩いた。神田川を渡って両国に入り、ねらったとおりに馬喰町で宿を見つけた。

浅草と並んで江戸を代表する盛り場であった両国広小路が、明治を迎えてなぜその姿を大きく変えたのか、前々から不思議だった。「往時は、観物、辻講釈、百日芝居と甚だ雑踏の巷なりしも、近年旧態を一掃して、商家櫛比、殷賑の市街とはなりにき」と、『臨時増刊風俗画報　新撰東京名所図会』第二七編も書いている。江戸時代には、回向院で行われるご開帳に当て込んで、両国橋の袂にはずらりと茶屋が軒を連ね、丸太を組んだ筵掛けの見世物小屋がずいぶんと遠くからでも望まれたものだ。それらはすっかり商家に変わってしまった。しかし、柳橋の花街を控えて、日が暮れても大層賑やかである。

ここから先は、木村荘八「定稿 両国界隈」（『東京風俗帖』ちくま学芸文庫）がよい手引きとなるだろう。なにしろ、両国吉川町に生まれた荘八少年の「天地」は、「東は隅田川を隔てて両国橋の対岸に及ばず、北は神田川を隔てて浅草橋を越えて、瓦町に及ばない」、「南は大川寄りの薬研堀・矢の倉を出ず、西は馬喰町を出ない」というのだから。

荘八は、いろは牛肉店を営む木村荘平の八男として、同店第八支店に生まれた。八八八のぞろ目である。明治二六年夏の生まれだから、まだ一歳を迎えたばかりだ。荘平は各支店の経営を多くの妾に任せたことで知られる。荘八には異母兄弟姉妹が全部で二九人いた。さっき路地を駆け抜けていった少年たちの中に、四つ上の兄荘太が混じっていたかもしれない。

荘八が「僕はこの図の中で育って完全に少年期を過ごした」と説明する「わかりよくとぼけた鳥瞰図の地図」が『東京風俗帖』に紹介されている。元は、明治二七年に出た『東京案内、一名遊歩の友』に載っているという。それなら店頭に並んだばかりだろうと、両国広小路に向かって店を開く絵草紙屋大平こと松木平吉の店を覗いたところ、色鮮やかな日清戦争の錦絵があふれんばかりで驚いてしまった。目当ての東京ガイドブックも、うまい具合に手に入った。

これで、明日からは百人力だ。

せっかくだからといろはの二階に上がり、牛鍋で晩飯とした。並とロースを一皿ずつ頼み、卵をつけた。「ゴブ」と「ザク」がわからないので、酒を運んできた女中に尋ねると、ゴブはネギを真横に切ったもの、ザクは斜に切ったものだという。なるほどザクの盛りが少なく、そのぶん安い。二階の窓には五色のガラスがはまり、市松模様になっている。それらがガス燈に照らされて、きらきらと輝いていた。盃を傾けつつ、明治の東京の明るさを、いや「暗さ」を堪能した。

天絵楼

宿屋に戻りがてら、回り道をして、浜町をぶらついた。今年の七月六日に、高橋由一先生が亡くなった。晩年の写真では、真っ白い顎髭をたたえてずいぶんと年寄りに見えるが、享年満で六六歳である。浜町の邸を引き払ってすでに九年になる。しかし、高橋先生といえば、浜町と切り離して考えることができない。

荘八さんごめんなさい、さっきは呼び捨てにしちゃって。でも、高橋先生は別格なのです。百年経っても、たくさんのことを教えられましたから。

先生が本所から隅田川を渡って浜町に引っ越して来られたのは、明治四年の暮れである。それから明治一五年の春まで、ここ浜町を拠点に、油絵画家として数々のユニークな活動を精力的に展開した。後輩たちをぐいぐいと引っ張って邁進する姿は、まるで蒸気機関車のようだった。

明治六年には自宅を新築、画学場を開設して「天絵楼」（のちに「天絵社」）と名付けた。なんといっても忘れられない活動は、毎月第一日曜日に自宅を開放し、ご自身と塾生の作品展を開いたことである。明治九年の秋に始まり、五年近く続いたはずだ。讃岐の琴平山博覧会に出品されたあと、今は金刀比羅宮に納まっている「豆腐図」（豆腐を主人公に描いた空前絶後の絵画！）や、やがて東京美術学校に購入される「鮭図」（そして日本国の重要文化財となる！）と同じ絵と思われる「乾魚図」が、この展覧会で初公開された。

こんな案内文が残っている。

「席料音物御持参堅ク御無用、仍テ酒飯菓子等ハ呈セス候間、御勝手ニ御見物相成候ハ、幸甚、幹事謹白」

「席料も音物（手土産）もいらない、その代わりに、ここでは酒も飯も菓子も出しませんよ、どうぞ勝手にご覧ください」という注意書きの意味がおわかりだろうか。高橋先生一門のいわば仮想敵は、席料や音物を要求し、酒や飯や菓子を口にしながら絵を眺める場、すなわち書画会にほかならない。そして、書画会のメッカがまさしくこの両国の地、両国橋や柳橋の袂に並んだ料亭を好んで会場としたのである。

飲食禁止、おしゃべりも禁止という百年後の美術展につながる最初の試みが、浜町で行われたということになる。看板に掲げた「天絵楼」の「天」の字に、志の高さがうかがわれる。その場所を一度歩いてみたかったのだ。

油絵なら何でも描ける。これが先生の第一の教えだった。だから一枚の絵の中に、木綿豆腐、焼き豆腐、油揚げを描き分けて見せてくれた。油絵は永久不変である。これが第二の教えだ。だから、すぐに色褪せてしまう写真ではなく、油絵で故人の肖像を描き、それを祀ることを勧めた。

また、だからこそ、歴史を後世に伝えるにも油絵がふさわしい。そうした歴史画を集めた美術館の建設を、早くから主張した。まだ靖国神社と呼ばれる前の招魂社境内を候補地に挙げたこともある。先生の蒔いた種は、このたびの日清戦争でようやく芽を出そうとしている。戦争こそ、油絵画家が取り組むにふさわしい歴史的大事件だからだ。

とはいえ、ご子息の高橋源吉が日清戦争の絵に取りかかるのは、もうしばらく先のことだろう。先生と親交のあった旧津和野藩亀井家当主の茲明が自前の撮影隊を率いて従軍中で、やがて、その写真をもとに源吉が油絵を描くことになるからだ。茲明の日記によれば、今日は金州にいて、「第一五聯隊第二大隊ヲ全紙版ニ撮影シ、又聯隊将校ヲモ撮影セリ、其意蓋シ勇将猛卒ヲ撮影」(『日清戦争従軍写真帖——伯爵亀井茲明の日記』柏書房)していた。

このコンビには実績がある。今年の三月九日、天皇皇后御成婚二五周年、すなわち銀婚式が、ヨーロッパの王家に倣って盛大に祝われた際、華やかに飾り立てられた東京市内各所の様子を源吉が二五枚の油絵に描き、それを茲明が天皇に献上したからだ。

四谷のお濠端にはめでたい鶴と亀、同じく四谷御門跡には甲武鉄道にちなんでふたつの兜、赤坂警察署脇に花車、吉原大門には二見が浦の夫婦岩に上る初日の出と鶴、さっき通って来た浅草雷門跡には松竹梅などの、いずれも巨大なつくりものが飾られた。

しかし、高橋源吉が、浅井忠らとともに、八重洲の三菱銀行楼上にあった明治美術会陳列館にて、「横二間半余竪六尺余の大画にして原図は亀井伯が従軍中の写真に依り揮毫せるもの」（『読売新聞』明治二八年五月一一日）を公開するまでには、あと半年待たねばならない。

旅順虐殺事件

浜町をぶらついたせいか、酔いはすっかり醒めてしまい、煎餅布団に潜り込んだところで寒くて眠れない。今度は、明治の東京の「寒さ」を堪能するはめになった。身体を丸めて震えながら、明日に迫った東京市祝捷大会のことを考えている。現在の東京市民が、日清戦争のニュースをどこまで知っているのか確認しておこう。だって、未来からやって来た私が、うっかり翌日のことや戦後のことまでをしゃべってはまずいから。

日清両国がお互いに宣戦を布告したのは八月一日であるが、その一週間ほど前から、豊島沖

「旅順市街伏屍の図」（『日本』明治27年12月8日）

海戦や成歓の戦など、朝鮮国内ではすでに戦争が始まっていた。九月に入ると準備が整い、いよいよ戦争は本格化する。一三日に広島に大本営が置かれ、天皇が駐在した。一五日から山県有朋率いる第一軍による平壌の攻撃が始まり、わずか一日で陥落させた。一七日に黄海海戦があり、五隻の清国軍艦を撃沈して制海権を掌握した。一〇月二四日には、第一軍が鴨緑江を渡り、清国内部へと侵攻する。二六日に九連城、三一日に鳳凰城、一一月五日に大狐山を占領した。翌六日には、大山巌率いる第二軍が遼東半島の花園口に上陸し金州城を占領、さらに七日には大連湾を占領した。そして、二一日に旅順を攻略した。

すなわち今は、第一軍と第二軍がそれぞれ遼東半島の根元と先端部に展開していることになる。それを新聞はどう伝えているだろうか。

ここしばらくは、もっぱら旅順攻略に沸き返った。ところが一二月に入ると、第二軍が旅順で住民に対して虐殺を行ったという外電が入って来た。今朝の『読売新聞』は、二段にわたって「メール新聞の妄を辯ず」と題した記事を載せている。そして、原因は清兵が住民を装っていたからだとして、正当防衛説に立って住民虐殺説を打ち消す。

記事中、特大の活字で印刷された文のみを書き出してみよう。すなわち、「巧みに市民の姿を粧へども、総べて兵士なり」、「其靴の裏には何れも鋲の痕ありて支那の軍靴にあらざるなし」、「我正当防御の為又敗兵追撃の為之を撃殺したるに何の不可あらん」、「早変わりの清兵」。

同じく今朝の新聞『日本』は、鉄巌生による記事「征行録（第七）旅順港」を掲載、同じく大活字を拾い上げれば、「敵兵の敗走に巧みなる、戦闘利あらざるを見れば、直に軍服を脱して平衣を着け、純民に扮して知らざる為すること其常なり」と、同じ論法で虐殺説を否定する。

さらに、同紙が載せる挿絵五図のうち「旅順市街伏屍の図」と「旅順市街の伏屍」の二図が、市中に横たわるたくさんの死骸を描いている。そのキャプションには「明治美術会派出員浅井魁一君写真中村生画」とある。浅井魁一は、先に名前を出した画家浅井忠のいとこで、一方の中村は、中村不折と思われる。魁一が撮影した写真をもとにしたこの図は、確かに清国人が殺されたことを示しながらも、それは住民に化けた兵士であると読者に刷り込み、これからさまざまな出版物に使われることになる。

第六章　水の都

白首の巣

明治二七年一二月九日の朝が来た。東の空が薄らと明るい。曇っているようだが、この分なら天気は持ちそうだ。身支度をしていると、宿屋の親父が電報を持って来た。びっくり仰天、京都のミネルヴァ書房からだった。

前回、馬喰町の宿屋で煎餅布団にくるまって震えて眠ったと書いたら、「ハマチョウアルイテ、ホントカドウダカ」という投書がさっそく編集部に寄せられたという。それを編集者が未来の京都から電報を打って知らせてくれたのだ。格調高く創刊された『「究」』にも、早くも下種な読者がついたものだ。

そりゃあ、夕べ浜町界隈をぶらついた時、楊弓屋をあちらこちらで目にした。「人々が『矢場々々』といっていたそれらの店には、遊戯用の小さな的や楊弓が型ばかりに置いてあったが（中略）中ガラスの障子の奥から女たちが通行の男に声をかけたり、男たちが障子の中を覗いて行ったりするさま」は、なるほど谷崎潤一郎が『幼少時代』（岩波文庫）で語るとおりだった。

今年八歳になる潤一郎はこの先の蠣殻町に住んでいる。叔父の経営する活版所がすぐ近所にあり、一日をそこで過ごすことが多かった。「矢場女たちを美しいとも醜いとも感じたことはなかったが、男たちが一向弓を射ようとはせず、女を相手に冗談ばかりいっているのを不思議に思ったものであった」（同前）と、晩年懐かしく振り返っている。

永井壮吉は潤一郎よりも七歳年長、一週間前に一五歳になったばかり、山の手の麹町に住み、さすがにまだ夜の町へと繰り出してはいない。それどころか、この冬には病に倒れ、下谷の帝国大学第二病院に入院した。もっともそこで「お蓮」という名の看護婦に一目惚れ、退院後はじめての小説を書き、蓮にちなんだ雅号を編み出したというのだから、荷風誕生の時期ではあった。

少しのちの浜町界隈の様子を、こんなふうに数字混じりに克明に教えてくれる。そのころにはすっかり実地調査を済ませていたのだ。「明治四一、二年の頃より大正三、四年の頃まで浅草十二階下、日本橋浜町蠣殻町辺に白首夥しく巣を喰ひ芸者娼妓これがために顔色なかりき。その頃芸者買の勘定どの位かと考ふるに、待合席料一円、芸者祝儀枕金共二円、玉代一本二十五銭、女中祝儀三拾銭を以て最低とす。（中略）然るに浜町の白首、俗に高等とよびしもの衣裳容貌山の手の芸者に劣らざるものにして待合席料一円、女並五、六十銭より上玉一円どまりにて別に女中の祝儀は取らず」(『桑中喜語』)。要するに安上がりで、振られることもないのだと。

閑話休題、宿屋を発つ前に、夕べ買ったガイドブック『東京案内 一名遊歩の友』(錦近堂蔵版、明治二七年)を取り出し、折り込まれた地図を広げてみた。なんともうまい具合に、それはここ馬喰町を起点にしている。

編者いわく「東京の正中は日本橋と言事だが、馬喰町に旅宿が沢山、そこで案内の始ては馬喰町を北へむき、四丁目から右に曲て横山町、左の側が吉川町、爰が名代の両国橋、夏は涼で川中へ舟一ぱいの其時に、スホンとあがる大花火、天地に響く雷光は鍵屋のちゃんの仕込なり、橋の右手に乗合の蒸汽有、吾妻橋迄僅か壱銭……」。

お上りさんには便利この上ないが、案内のとおりに歩いたら、きのう来た道を戻ってしまう。目指すは日比谷公園、まずは馬喰町を南西に向き、四丁目から右に曲らず一丁目へと歩かねばならない。

吊し石鹼

路地から表通りに出ると、辻々には大きな日の丸と軍旗が交差し、ずらり吊られた軒提灯には「祝捷」や「奉祝」の文字。きのうのうちに飾り立てるようにと役所から指示があったのだ。

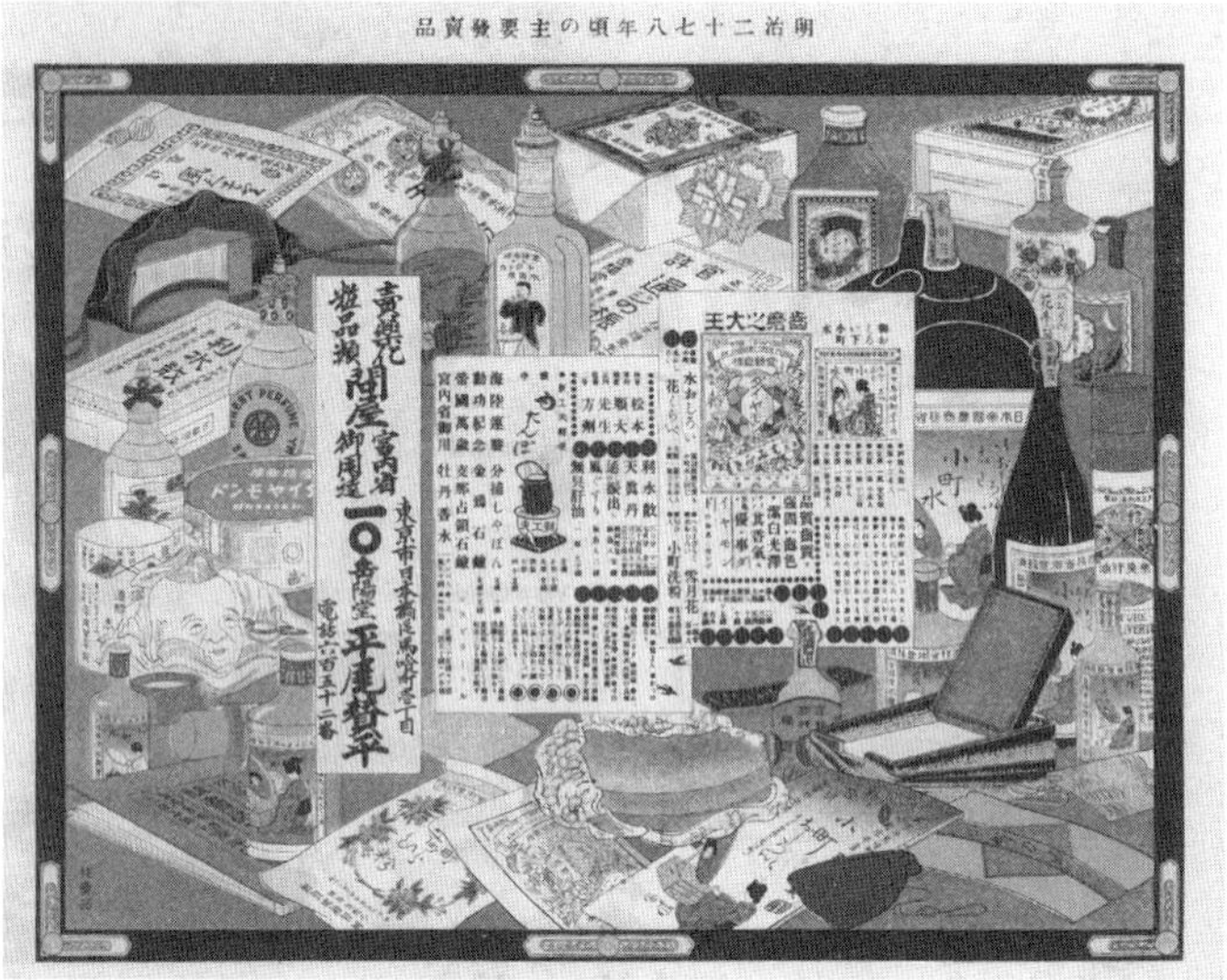

「明治二十七，八年頃の主要発売品」の中央左端に「分捕石鹸」
（平尾太郎『平尾賛平商店五十年史』平尾賛平商店，昭和４年）

小間物屋が目につく。馬喰町は江戸のころからそうだというが、明治に入って石鹸や化粧品を商う店がいちだんと増えた。一丁目にダイヤモンド歯磨で当てた平尾賛平商店が立派な店を構えている。この秋には「分捕石鹸」を売り出した。東京美術学校の高村光雲先生に頼んで、わざわざ清国兵の首をデザインしたもらったんだと。「分捕」とは切り落とした敵の首、弁髪に見立てた紐まで付いている。趣味が悪いや。

　余談だけれど、のちに篠田鉱造『明治百話』（四条書房、昭和六年）が「ちゃん〱の吊し石鹸」と題してこの話を収録、平尾は「ちゃん〱をコスリへらす、負してアワを噴してやるンで、どうかちゃん〳〵の顔をこしらえて下さい」と光雲に頼み込み、「売れたの売れないのでない、製造が間に合わないくらいだった」と人気を博した。光雲は「ぶんどり石鹼の雛型」を描いて同書の挿絵としたのに、こちらに来る前に読んだ岩波文庫版『明治百話』からは、何の断りもなく挿絵が削除されていた。

隣の横山町には、鼈甲細工で大繁昌の江川金右衛門商店があるはずだ。その名を知ったのは、この秋創刊された『風俗画報　日清戦争図絵』(のちに『征清図会』東陽堂)に毎号欠かさず広告を出していたからだ。資生堂も同誌の常連で、いつも「鷹印石鹼」を大きく宣伝している。そこにも、平尾賛平商店は販売元として必ず名を出していた。なぜ石鹼に切首や鷹なのか、それについてはいずれお話することになるだろう。

すぐに浜町川入堀に出た。鞍掛橋の上に立って眺めると、川は箱崎に向かってまっすぐに延びている。たくさんの小舟が浮かんでいる。つぎの緑橋からは通油町、通旅籠町、大伝馬町、本町、室町へと続く目抜き通りである。日の丸と軒提灯が一段と華やかなそこは、長谷川時雨が親からまだ「アンポンタン」と呼ばれていたころの小天地だ(『旧聞日本橋』岩波文庫)。時雨は今年一五歳、壮吉と同い年、すっかり「アンポンタン」ではなくなった町娘が、ひょっこり、そこいらの路地から姿を現すかもしれない。

大伝馬町で左に折れると、今度は東堀留川に出る。平行して西堀留川が走る。堀川は海運のためにあり、河岸に土蔵がびっしりと並んでいるから、実は土蔵と土蔵の間の細い路地の向こうに川がちらりと見えるばかりだ。

萬橋、親父橋、思案橋と、東堀留川に架かる三つの橋の名前がいい。葦の茂る原っぱに吉原遊郭を開いた庄司甚右衛門、通称「親父」が客の便を計って架けたから親父橋、客が吉原にしようか芝居にしようか思案したから思案橋と呼ばれるようになったという。

思案橋からは視界が開けて、「私はかかる風景の中日本橋を背にして江戸橋の上より菱形をなした広い水の片側には荒布橋つづいて思案橋、片側には鎧橋を見る眺望をば、その沿岸の商家倉庫及び街上橋頭の繁華雑沓と合せて、東京市内の堀割の中にて最も偉大なる壮観を呈する処となす」（『日和下駄』）と、のちに荷風が絶賛した風景が目の前に広がる。

お伽噺のような建物

同じ『日和下駄』の中で、「東京の都市は模倣の西洋造と電線と銅像のためにいかほど醜くされ」たか、とまで嘆いているのだから、荷風は見て見ないふりをしたに違いない。実は、この風景の中に、とびきり壮麗な西洋館が輝いている。それは、谷崎潤一郎の思い出からいつまでも消えない「お伽噺のような建物」である。「川の縁の出っ鼻に、ぴったりと石崖に接して、ヴェニス風の廊や柱のあるゴシック式の殿堂が水に臨んで建っていた。（中略）だがそれでいて、周囲の水だの街だのと必ずしも不釣合ではなく、前の流れを往き来きする荷足船や伝馬船や達磨船などが、ゴンドラと同じように調和していたのは妙であった」（『幼少時代』）。

写真では見ていたが、一階も二階もベランダを広くとり、アーチで連なる柱が見事だ。窓にも繊細なアーチが施されている。これほどたくさんの窓を持った開放的な洋館は、東京では珍しいのではないか。ほとんど窓を持たない周囲の土蔵と対照的である。ヴェネチア貴族の邸に似たこの建物は、イギリス留学を終えて帰国し、帝国大学工科大学で教鞭を執っていた辰野金吾の設計により、明治二一年に竣工した。

邸の主渋沢栄一は、武蔵国榛沢郡血洗島（未来の埼玉県深谷市）の豪農の生まれ、あれよあれよという間に出世を果たし、慶応三年には徳川昭武公に随行してパリにまで出かけた。万国博覧会見物後はそのまま留まり、一年半余をフランスで過ごした。荷風のいう「模倣の西洋造」の中で西洋を知ることもなく暮らした人たちとは一線を画していたかもしれない。前回話題にした高橋由一先生が教えを乞うた元オランダ留学生内田正雄将来の西洋絵画も、あの白亜の邸のどこかに掛かっていることだろう。画家小山正太郎が『美術新報』誌上に連載した「先師川上冬崖翁」（明治三六年）の中で、自分の手を介して、十枚ほどの絵が渋沢の手に渡ったと断言している。

最近、私は渋沢栄一の銅像論（法政大学出版局より近刊）をまとめたところだが、だからといって、「はじめまして、私はこれからあなたが亡くなるまでに建つ一一体の銅像、亡くなったあとで建つ少なくとも一二体の銅像についての論文を書いたばかりの者です」と名乗り出るわけにはいかない。

鎧橋を渡って兜町に至り、渋沢邸の前まで来たものの素通りし、楓川に沿って歩くと、今度は海運橋の袂に錦絵や写真でお馴染みの第一国立銀行が姿を現した。この建物が三井組によって建てられたのは明治五年のことだから、まだ築二〇年ほどなのだ。築地に外国人旅館建設の実績を有する大工上がりの清水喜助が設計施工に当った。二層までは開港場横浜あたりによく見られたベランダを有する洋風建築だが、三層から上には天守閣を思わせる物見の塔が聳え立った。

しかし、せっかく建てた建物を三井組は手放さざるをえなかった。新政府が国立銀行条例を策定、大蔵大輔井上馨と大蔵大丞渋沢栄一が画策した日本初の銀行は一般から広く株式を集めて創設すべきとされ、それゆえに単独での三井銀行創設に待ったをかけたからだ。翌明治六年に開業した第一国立銀行には、大蔵省を辞めた渋沢栄一が乗り込み、総監役として頭取の上に陣取った。だから銀行のすぐ裏手に自邸を構えたのだった。

この銀行の中庭に、渋沢栄一還暦を祝って、彫刻家長沼守敬の手になる最初の、あの荷風が嫌った銅像が建立されるのは明治三十五年四月三日、したがってあと七年ほど先のことである。本当は、敷地内に祀られている洋風の兜稲荷社を見たかったが（東京飛鳥山に銅像は現存し、兜稲荷社は石灯籠と基台のみ伝わる）、きょうは日曜日で入ることができない。先を急ぐことにしよう。

第七章　日比谷公園午前七時半集合

レンガを抜けて

せっかく明治の東京にやって来たのだから、銀座煉瓦街を歩こうと思っていた。煉瓦街は大正一二年（一九二三）の関東大震災で姿を消し、昭和二〇年（一九四五）の東京大空襲で跡形もなくなってしまうからだ。写真でしか知らない通りを歩いてみたかった。

明治五年（一八七二）二月の大火をきっかけに、不燃都市を築こうという東京府知事由利公正の肝煎りで、五年の歳月を費やして建設された煉瓦街は、すでに二〇年の歴史を有している。人間同様に、歳相応の風貌をつくりあげてきたようだ。肌の張りが幾分緩み、皺が寄り、シミが生じ、本人にとっては「お肌の曲がり角」かもしれないが、他人の目には、ようやく味のある顔になってきたというところだろう。いや、化粧がいっそう念入りになってきたというべきか。

京橋から新橋に向かって歩き始めたとたんに、そのことが実感された。竣工直後に撮られた写真では、煉瓦街は軒が揃い、円柱がきれいに列をなし、街路樹はまだ葉を広げず、すっきりとした、つまりは生活感のまるでない町並みだったが、今、私の目の前に広がる風景は、全体がゆがみ、でこぼこして、その上にさまざまなスタイルの看板が掛かり、色彩はてんでんばらばら、それぞれの店が自己を主張している有様である。

ロンドンはリージェント通りを模したという歩廊部分を勝手に壁で区切って、店舗に取り込んでしまった店が多い。至るところで「通行止めや行き止まりとなり、ヴェランダはお誂えの「物置き」にされて、がらくたを押し込んだ」（木村荘八「銀座煉瓦」『東京風俗帖』）。

建築に増改築は当たり前の現実だが、実はそうした姿はあまり記録に残らない。木村荘八（ほかに「東京繁昌記」）や永井荷風（たとえば「銀座」や「風邪ご、ち」）のような、そうしたことが気になる人だけが風景を書き留めてくれる。

そもそも、銀座煉瓦街などとは誰も呼ばない。「レンガジ」あるいは単に「レンガ」と呼ぶことが普通だったという。「煉瓦へ買物になどと甚だ奇妙なことばを使っていた」鏑木清方は、「京橋から新橋までの歩道は踏み減らされた煉瓦が敷き詰められて」おり、「下駄や草履に踏んだ煉瓦時代の踏み心地は決して悪いものではなかった」と、その感覚までを伝えてくれる（「銀

座回想」『第二放送随筆』日本出版協同）。

まだ朝が早いから店はどこも開いていない。それでも看板（招牌ともいう）だけは大いに楽しめる。一丁目には有名な料理店松田が店を構えている。夕べ両国で入った牛鍋屋のいろはと同様に、二階のガラス障子は赤、青、藍といった市松模様だ。玄関脇に桶を高く積み上げ、その傍らに真っ赤な手押しポンプを飾っている（仲田定之助『明治商売往来』ちくま学芸文庫）。

松田の便所はイ、臭い

松田といえば便所である、といっても何のことやらさっぱりわからないだろうが、とにかく誰もが松田の思い出を語るうちに、便所の臭いを甦らせるようだ。内田魯庵は「松田の便所を知らないものは文明開化人で無いように云われ」たとまで断言する。実は「唯だ防臭剤の樟脳の臭いがプン〳〵していたばかりだったが、之が其の頃は珍らしくて、松田の便所はたいしたもんだ、イ、臭いがすると盛んに評判された」のであった（「銀座と築地の憶出」『魯庵の明治』講談社文芸文庫）。

肝心の便所は、中庭の噴水のある池に架かる朱塗りの橋を渡り、朱塗りの水車を横目に見ながら行った先にあったというが（安藤更生『銀座細見』中公文庫）、店先に立っただけでも、なんだかぷ〜んと「イ、臭い」を嗅いだ気がした。

楽善堂（『岸田劉生随筆集』岩波文庫）

二丁目には、目薬の精錡水で当てた岸田吟香の楽善堂が店を張る。若い頃にはヘボンに就いて『和英語林集成』の編纂刊行を手伝い、そのヘボンから手ほどきを受けて精錡水を製造販売、台湾出兵に東京日日新聞の特派員として従軍、その後も主筆として健筆をふるうなど八面六臂の活躍を見せた吟香も、すでに還暦を迎え、今年は勲六等に叙せられたところだった。明治二四年（一八九一）生まれの四男劉生は三歳になっている。

劉生のスケッチにあるとおりの店構えだった。吟香の道楽で店を半分に切って、一方が薬房、一方が書房である。本ばかりでなく筆墨硯紙など中国の文房具も売った。真ん中に大きな「精錡水」の看板を掲げ、二階のバルコニーの下には右端から左端までびっしりと商品名を書いた看板を掛けていた（『岸田劉生随筆集』岩波文庫）。

岩谷松平商店

(『広告の親玉赤天狗参上！明治のたばこ王岩谷松平』展図録，たばこと塩の博物館，平成 18 年)

三丁目の煙草店岩谷商会のどぎつさは群を抜いている。こちらに来る前には、モノクロの写真でしか見ていなかった。何がどぎついって、店舗の壁全面を真っ赤なペンキでべったりと塗りたくっていたからだ。そして巨大な天狗の面を、往来にむかって突き出している。「赤天狗」あるいは「煙草王」こと創業者岩谷松平が鼻高々であることは、軒先に大きく、「勿驚（おどろくなかれ）」の前振りで、納めた税金の額面を書き出していることから明らかである。

自信満々である。そして傲慢である。七年後に、新聞『二六新報』が岩谷攻撃をスキャンダラスに繰り広げて、その鼻をへし折ろうとしたものの、岩谷は『国益新聞』

を創刊して対抗、簡単に屈するようなやわな男ではなかった。銀座は新聞社の集まるヤクザな街でもあった。

「煙草王」に対する「時計王」服部金太郎は、四丁目の角に、ちょうど今月、新社屋を完成させたところである。煉瓦造二階建てにずんぐりとした三階を載せ、さらに高さ十六メートルの時計塔を建てた上昇志向は、水平志向の銀座煉瓦街を服部時計店がいち早く脱したことを示している。どこからでも目につき、忽ちのうちに銀座のシンボルとなった。時計の針は七時を指そうとしている。あと三十分しかない。

交差点を右に曲がって、数寄屋橋へと向かう。数寄屋橋といえば、北村透谷のペンネームは「数寄屋橋」に由来するのだという。『楚囚之詩』（明治二二年）自序の署名に、「透谷橋外の僑寓に於いて」と添えている。透谷は、今年の五月一六日に、わずか二六年の人生に自らピリオドを打った。その透谷の通った泰明小学校、石坂ミナと結婚式を挙げた数寄屋橋教会が見えてきた。

山下門内

お濠に沿ってしばらく歩くと山下門に出る。橋を渡って門をくぐれば、そこからは「山下門内」、あるいは「内山下町」である。こんなに平らな場所になぜ山下門なのかと思っていたが、どうやら山王社の山下にあった門を赤坂から引っ張ってきたらしい。

私にとっては、山下門内は馴染みの土地である。未来の東京にいたころ、山下門内博物館の活動を追いかけていたからだ。明治五年（一八七二）に湯島聖堂に開設された日本最初の博物館は、そこがあまりに狭いという理由で、早くも翌年には、この山下門内に引っ越してきた。装束屋敷と呼ばれた薩摩藩邸をはじめとする大名屋敷が残っており、それらを転用、改造、さらに移築、新築して、上野公園に転出するまでの十年間をしのいだ。動物園とは名乗らなかったものの、剝製や標本ばかりでなく、すでに生きた動物の飼育展示を行っていた。上野動物園の前身にほかならない。薩摩藩邸の正門をそのまま使って、博物館の看板を掲げた。

しかし、博物館が上野に去ってすでに一二年になる。山下門内の様相は一変、目の前には、四年前に開業したばかりの三階建てルネサンス式の壮麗な帝国ホテルがそびえたっている。冒頭で話題にした明治五年の大火で築地の外国人旅館を失って以来、ようやく本格的なホテルを東京は手に入れたことになる。しかも、設計は渡辺譲という日本人建築家の手になるものであった。木村荘八は、銀座煉瓦街の作者を「青年・日本」と呼んだが（「銀座煉瓦」）、二〇年を経て、青年はずいぶんと腕を上げてきたようだ。

ホテルの背後の博物館跡地には、鹿鳴館として建てられたコンドル設計のあの有名な建物があるはずだ。今年六月の地震で被害を受けたが、修復工事が行われ、ちょうど今月、華族会館に払い下げられたところだ。やっぱり正門に薩摩藩邸のそれをそのまま使っている。

「青年・日本」の成長とともに、江戸の面影が急速に失われつつある時期とはいえ、こんなふうに、随所に大名屋敷の立派な門が残っている。その中で、丸の内大名小路にあった鳥取藩邸の門（最後は東京国立博物館構内に移築）だけが、未来にまで奇跡的に生き延びることになる。大名屋敷にかぎらない。持ち主が変わっても、門だけは残り易いということに気がついて、「残されたんだもん」と題したエッセイを書いたことがある（拙著『ハリボテの町』朝日新聞社）。だって、本当にそうなんだもん。

日比谷公園

いつの間にか、日比谷公園へと向かう人の流れの中にいた。この人たちはいったいどこから湧いてきたのだろう、なんて言う立場には毛頭ない。話し声に聞き耳を立てたものの、こちらに着いてまだ二日目だから、何を話しているのかさっぱり聞き取れない。むこうで「明治東京語」のヒヤリングをもっと勉強してくるべきだった。正岡容『明治東京風俗語事典』（ちくま学芸文庫）は鞄に入れて来たのだけど。

この時の様子を、博文館の記者は、北風が耳を切るように冷たかったが、「征清軍の寒苦をおもへば指落ち耳傷るも物かはと人毎に言ふなり」と、年が明けて創刊された雑誌『太陽』に書いている。本当にそんなことを口にしていたのかな。

政府が東京市区改正の一環で広大な日比谷練兵場を公園に変えようと決めて五年になる。社寺境内を転用した上野、浅草、芝とはまったく異なる、はじめての都市公園の建設であった。昨年、正式に日比谷公園と名付けられた。しかし、三種類の設計案（小平義親案・田中芳男案・小沢圭次郎案）が日本園芸会から出されたばかりで、まだ公園の体を成してはいない。三案いずれも一長一短があり、結局は本多静六に設計を委ねて開園するまでには、あと九年も待たねばならない。

そうした事情から池も掘られず、植栽も行われていないだけに、大人数が集合するにはふさわしい場所だった。あふれかえったひとびとが、二発の号砲で静まりかえった。たくさんの旗や幟が風に翻っている。なんとか東京市祝捷大会の開幕に間に合った。

第八章　万歳三唱、でも誰に向かって？

二重橋前

明治二七年一二月一一日の『萬朝報』によれば、一二月九日早朝、日比谷公園に集まったひとびとの数は「凡そ四万人」にのぼったというが、渦中にあっては人数など知る由もなかった。ただただ見渡すかぎりのひとの波で、それが、というよりもたくさんの旗や幟がまず動き始めたと思ったら、霞ヶ関に向かって押し出されてしまった。あとは流れに身を任せるばかり。外務省の前を抜けて、桜田門から宮城前広場へと入った。

二重橋前での万歳三唱が最初の公式行事である。このあたりは、今から五年前の大日本帝国憲法発布に合わせて、急速に整備がなされた。憲法、ついで議会を手に入れた帝国にふさわしい姿を、政府はまず宮殿の建設に求めたのだった。とはいえ、ヨーロッパ諸国の宮殿のように、その偉容がむき出しになっているわけではない。和洋折衷スタイルの明治宮殿は背が低く、石垣とその上の松林の向こうに姿を隠したままである。

「二重橋前勢揃」（『東京市祝捷大会』）

その代わりに二重橋が、宮城の顔として、重要な役割を果たすことになった。ここが宮城の正門だからである。二重橋という名は、手前の石橋と奥の鉄橋とが重なって見えるからだと思われがちだが（誤解のまま人口に膾炙した）、もともとは奥の橋だけを指す言葉だった。水面からの距離があって橋脚が立てられず、橋桁が二重構造の木橋であったことに由来する。まだ江戸城であったころに、ベアトがその姿を写真に記録している。

明治宮殿の建設に合わせて、ふたつの木橋は石橋と鉄橋に架け変えられた。そして、装いを新たにするためのコンペを造家学会（のちの建築学会）が呼びかけた。鉄橋脇の櫓台の上に建設するという設定で、巨大な銅器や記念柱や騎馬像など龍や麒麟が跳躍する和洋中入り交じったデザイン案が若い建築家の卵たちからつぎつぎと寄せられた。しかし、それらは何ひとつ実現せず、彼らの情熱は『建築雑誌』三三一〜三六号（明治二二〜二三年）に痕跡をとどめるばかりである。

また、雑誌『美術園』一一号（明治二二年）も、「皇城門外立像募集」というコンペが行われたことを伝える。帝国博物館総長の九鬼隆一が「広場中央に銅像を設置」することを呼びかけた。東京美術学校制作による楠木正成騎馬像が広場に出現するのは明治三三年だから、今からでも、まだあと六年待たねばならない。

唯一実現した装飾が橋の飾電燈である。鉄橋には四基、石橋には六基が立つ。それぞれが四個の白熱燈をシャンデリアのように吊り下げ、あと一個を頂上に載せる。石橋のそれは脚をライオンに見立てた。これら飾電燈を含めて、明治宮殿には九百を超える電燈が設置されたが、安全性が疑われ、点燈が始まったのはようやく昨年からだという。

たいへんな人だかりで、橋の近くにまで寄ることはできないが、こちらに来る前に、新年参賀でこのふたつの橋を渡り、「立ち止まらないでください」という注意を無視して、じっくりと二代目の飾電燈を見ているし、初代のそれだって、明治村と東京芸術大学美術学部構内で舐めるように見たから、きょうはこれでよしとしよう。

「天皇皇后両陛下万歳」の声が沸き起こってきた。「万歳三唱」もまた、大日本帝国憲法発布を祝う中で、やはり二重橋前で始まったといわれる。そのころから、この地は、国家的祝賀行事の際に国民が足を運ぶべき場所として成長を続けてきた。

第五章でふれた高橋源吉描く「大婚二十五年奉祝景況図」（宮内庁三の丸尚蔵館蔵）には、今年三月九日の二重橋前の昼と夜を描いた二枚の油絵がある。昼は、天皇を乗せた馬車が青山練兵場へと向かう様子を描き、夜は宮城内で赤と緑の花火（洋火ともいう）が盛大に焚かれている様子を描く。いずれもたくさんのひとびとが、夜は提灯を手にして広場を埋め尽くす。花火のほかに、合わせて一〇基の飾電燈が明々と輝いている。

しかし、きょうはいつまで待ったところで、天皇は現れない。なぜなら、九月一三日に、「広島に行ってくる」と言って出かけたまま戻っていないからだ。皇后は留守を守っており、もぬけの殻とはいわないが、主の不在はすでに三カ月になろうとしている。だったら今、われわれはいったい誰に向かって「万歳」を三唱したのだろうか。

あとで知ったことだが、二重橋の内側の土手に女官たちが外の様子を見ようと姿を現したそうだ。「多衆は女官を見て万歳を唱へたり」と報じた雑誌があった（『戦国写真画報附録』春陽堂、明治二八年一月一日)。

広島大本営

今朝、広島城内の第五師団司令部庁舎の二階で天皇が目を覚ましたのは、いつもどおり六時半ごろであった。きょうがいくら日曜日だからといって、寝坊するわけにはいかなかった。一一時からは、出征する後備第三聯隊に対する軍旗授与式が予定されていたからだ。内閣総理大臣伊藤博文、宮内大臣土方久元、侍従長徳大寺實則、侍従武官岡澤精らが立ち会うことになっている。

天皇は、執務も食事も、わずか二四坪のこの部屋で済ませている。軍服に着替えると、ベッドを片付け(もちろん自分ではしないが)、代わりに机と椅子が持ち込まれる。玉座の背後に金屛風を廻らし、剣璽を置く。壁に粗末な八角時計が掛かっているばかりである。

あまりの質素な暮らしに加えて、冬を迎えていよいよ寒く、側近は増築を提案、安楽椅子や暖炉の使用を勧めたが、天皇は頑として受け入れなかった。戦地の将兵の労苦に思いを馳せたからだ。御座所に置くことを許したものは、わずかに「天長節奉祝のため呉鎮守府在勤下士卒の謹製献上せる造花二台」と「九連城附近の戦に於て我が軍の捕獲せる騎兵の鐙、砲弾の信管、歩兵銃の槊杖、工兵用電線を利用し親ら巧みに製したまへる花瓶」のみであった(『明治天皇紀』明治二七年九月一五日条)。この花瓶は、のちに東京に運ばれ、宮城内の戦利品倉庫「振天府」に収まることになる。

広島には大本営が置かれた。東京から帝国議会も移ってきて、仮の議事堂が建設された。「臨戦地」広島にて、天皇はひどく禁欲的な生活を送っていた。ほとんど出歩かず、まだ隣の天守閣にさえ登っていない。

それでも、楽しいことは時々あった。三日前には、広島城内にラクダが連れて来られた。清国軍から奪った戦利品だった。目の前でラクダが砲車を曳いたのがよほど楽しかったのか、明日もまたラクダがやって来ることになっている。

ちょっとだけ先走って未来の話をすれば、大本営会議が終わったあと、車寄せの前で、侍従や主馬寮の技手らをラクダに乗らせて喜んだ。侍従のひとり堀河康隆は馬にも乗れず、ましてラクダを御することなど出来なかったため、天皇は堀河にラクダを賜ると言い出し、堀河は困惑、拝辞し、天皇は大いに笑ったという（同前一二月一〇日条）。

天皇が東京に戻ってくるのはまだずいぶんと先、来年の五月末である。夏に始まった清国との戦争がいつ終わるのか、まだ誰にもわからなかった。

三菱ケ原

行列は和田倉橋を渡って、丸の内に入った。右手は一面の原っぱで、遠くに煉瓦造の建物が一棟ぽつんと見える。今年の六月に竣工したばかりの三菱一号館に違いない。

五歳になったばかりの岡本かの子の遊び場がこのあたりだった。その思い出に耳を傾けよう。

「私の子供だつた時分、明治三十年ぐらゐまでの丸の内は、三菱ケ原と呼ばれて、八万余坪は一面に草茫々として原野だつた。和田倉橋の辺に立つて、日比谷の森が見通せた。もつともその途中に昔の庭跡らしい数奇な形をした大きな築山が大小二つあつて、ちよつと展望を妨げはしたが、その楓や椿なども混つて、老樹が鬱蒼とした築山を、その頃まだ生きてゐた私の祖母は、たぶん、松平内蔵さまの庭跡だらうといつた。いまみると、それがちやうど丸ビルの西南の角に当つてゐるらしい。私たち子供が、男女まじりに戦ごつこをして、築山からなだれ降り、追撃戦に移り、組んづほぐれつ泥まみれになつた池の渚のあたりは、いま明治生命の建物になつてゐる」（『丸の内草話』青年書房、昭和一四年）。

大名庭園の名残りがそこかしこにあった。女だてらの「戦ごっこ」は、もちろん、日清戦争の感化である。かの子の回想を読んできたから、列を離れて見に行こうかとも思ったが、道は荒れており、置いてきぼりになるのも嫌だった。

それに、三菱一号館は、今から七四年後の昭和四十三年（一九六八）に、保存運動を無視してあっという間に壊されてしまうものの、三菱は何を思ったか、その四一年後の平成二一年（二

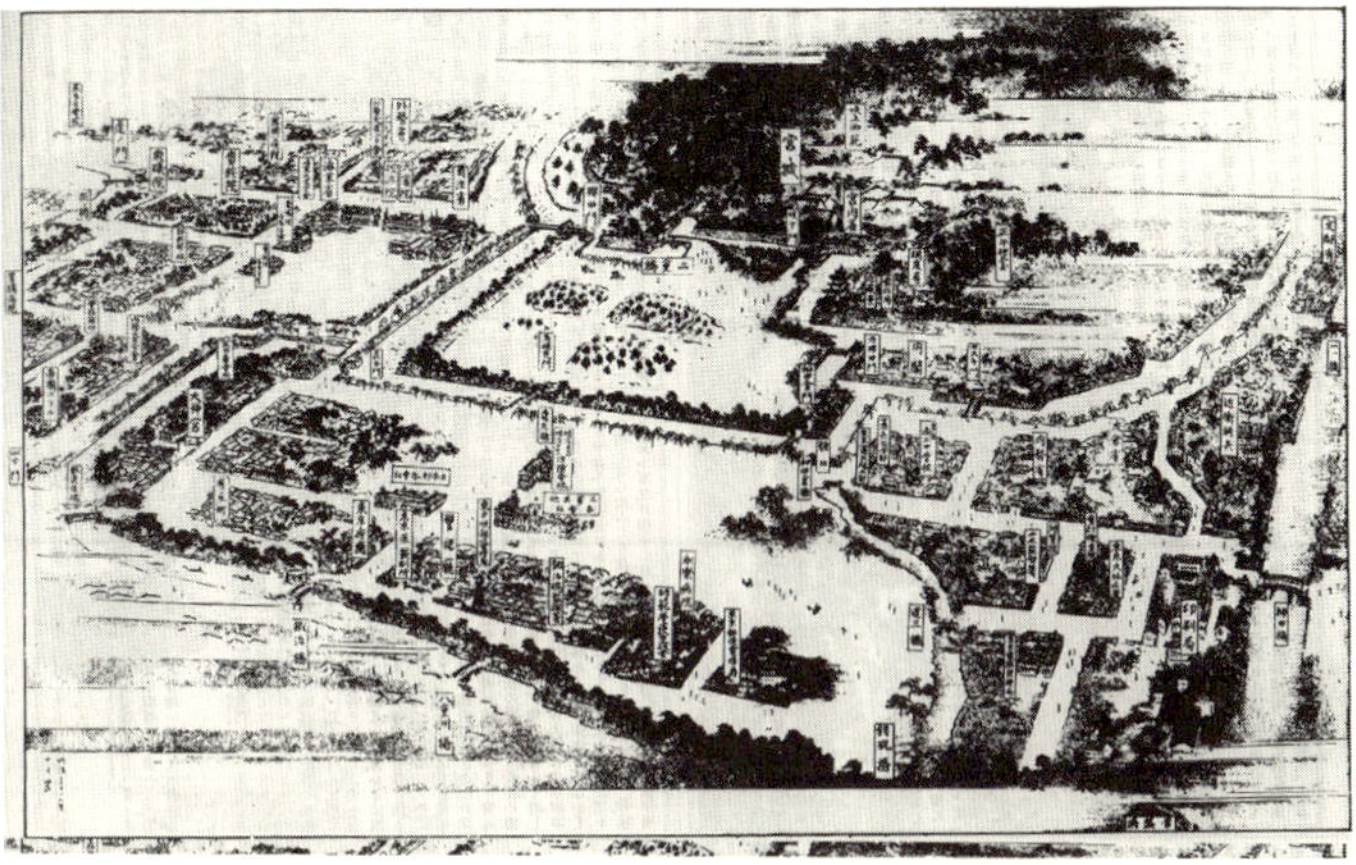

丸の内

（『臨時増刊風俗画報 新撰東京名所図会 第十六編 麹町区之部 上』）

〇〇九）になって寸分違わずに復元したから、まあ見なくてもよいか。三菱一号館以外のすべての建物がやがて失われ、あとは復元されないのだと思えば、このまま行列の中にあって、東京の町をきょろきょろと眺めるべきだろう。今は控訴院の前を歩いている。

商都の中心へ

日比谷の練兵場を公園に変えた東京市区改正とは、巨視的に見れば、東京を「商都」か「帝都」に変えようとするせめぎ合いである（藤森照信『明治の東京計画』岩波現代文庫）。江戸は外濠を境に町人地と武家地にはっきりと分かれ、丸の内はその名のとおり城の中であった。明治維新のあとも、大名小路には陸軍省や陸軍裁判所など陸軍の施設、大手町には内務省や大蔵省などの官庁が置かれていたが、それらを霞ケ関へと移転させ、空いた広大な土地が民間に払い下げられることになった。こうして「商都」は外濠を越え、内濠の手前まで進出することになる。

「商都」化の旗振り役は渋沢栄一であり、それゆえに渋沢が会頭を務める東京商業会議所は、あと五年もすると、丸の内の中でも宮城にもっとも近い馬場先門前に事務所を建設する。しかし、道をはさんで三菱一号館、二号館が建ち、やがて「一丁ロンドン」と呼ばれるように、丸の内一帯の払い下げに応じたのは三菱の総帥岩崎弥之助であった。

三菱ケ原をあとにした行列は呉服橋で外濠を越え、江戸以来の商いの中心地へ入ろうとしている。いつの間にか、神田祭りの山車巡行のコースをたどるように歩いていることに気がついた。日本橋を渡れば、あとは一直線に上野を目指す。

第九章　つくりもの競演、それとも狂演

先導隊の音頭取りを、「煙草王」にして「赤天狗」こと岩谷松平が務めていた。トレードマークの真っ赤な金モール付きの上着、紫の地に赤い縦縞の入ったズボン、両手に持った縮緬の小国旗をしきりと振っている（『風俗画報』東陽堂、明治二八年一月一〇日号）。そのあとに延々と続く行列は、無数の旗や幟を押し立てながら、通町を左に折れて日本橋へと向かった。

土蔵造の町

日本橋といっても、麒麟が欄干の中央に鎮座するおなじみの日本橋ではない。その先代、明治六年に架けられた木橋で、幅は三分の一ほどしかない。人や荷車ばかりでなく、すでに一〇年にわたって、その上を鉄道馬車がガタガタと通ってきたから、かなり傷んでいるようだ。

いったん行列から離れて、通町一丁目の呉服店白木屋の店先を見に行くことにした。日本橋の袂のこのあたりは、新興の銀座煉瓦街（通称「レンガジ」あるいは「レンガ」）と異なり、老舗が

軒を連ねている。重厚な黒漆喰塗りの土蔵造りが目につく。一階を大きく開いて店舗とした二階建ての大店が並ぶ。張り出した軒下には日の丸や提灯が華やかに飾られ、それが通りのずっと先まで続いている。通町一丁目と四丁目には、ひときわ大きな日の丸と軍旗が交差し、中空に翻っている。

一見、ここには江戸の町がそのまま残っているかのようだが、これまた明治になって新たに出現した風景であることは、未来の東京にいる時に、藤森照信さんや初田亨さんの研究（『明治の東京計画』岩波現代文庫や『繁華街の近代』東京大学出版会）に教えられてきた。そのことは、文化二年（一八〇五）ごろに、すなわち今から九〇年ほど前の日本橋界隈を描いたという絵巻「熈代勝覧」（ベルリン東洋美術館蔵）と比べると一目瞭然である。

日本橋界隈がこんなふうに姿を変えたきっかけは、明治一四年になって、東京府が特定の地区に防火のための改造を命じたことにある。選択肢は、煉瓦造、石造、土蔵造の三つだった。土蔵造を選んだら、壁の厚さは柱から三寸以上にせよと厳しく決められた。それでも、住みにくいと不評を買った銀座煉瓦街が反面教師となったのだろう。ほとんどの商家が煉瓦造を選ばずに、黒漆喰の土蔵造を建てた。油煙墨と石灰を混ぜた黒漆喰は火も水もはじいた。

去年の六月、大火に見舞われた川越は町の三分の一を焼き、さっそく東京を見習って土蔵造の町を建設し始めたところだ。平成の日本で、日本橋界隈からは姿を消した町並みが、川越に残っているのはこのためである。

この防火令が功を奏して、以後東京からは大火が消え、商店が店先に商品を並べておくことが可能になった。それがまさしく「繁華街の近代」であり、ショーウィンドウの登場に道を開くことになる。それ以前であれば、呉服のような高額商品は土蔵の中に大切に保管され、客の求めに応じて、そのつど丁稚が取り出して来るという座売りのスタイルであったからだ。

縮緬細工

白木屋もまだショーウィンドウを導入していない。広々とした店内に八間にわたって金屏風を立て、日清戦争の激戦地であった平壌の玄武門を織り出した緞子を張り廻らせて遠景とし、前景には、玄武門破りで一躍英雄となった兵卒原田重吉が清国兵を左足で踏みつける人形を飾って、まさに門を内側から開かんとする刹那を再現した。黒山の人だかりだ。

「装飾の金具、旭日、霊鷹、石垣、松樹、巌石など悉く縮緬類もて作りたり」（『戦国写真画報附録 東京市祝捷大会』）というから、いわゆる縮緬細工のつくりものである。縮緬に限らず、瀬戸物、金物、籠、桶、銭、貝、乾物、野菜など同一の材料を用いて人物や草木や物語の場面をつくることは、江戸時代から祭や見世物の場で広く行われてきた。同一種類であることが不文律

「日本橋通街上の盛況」（『戦国写真画報附録　東京市祝捷大会』）

で、上方ではそれを「一式飾り」と呼んだ。「一式」は「一色」に通じる。制約があってこそ面白味は生まれるという発想だった。そして、商店がこのスタイルを採用する時、一時的とはいえ、それは商品のディスプレーと化した。

これから上野に近づくにつれ、大伝馬町の呉服店大丸が「金屏燦として、猶ほ縮緬の装ひある両陛下の御額を奉掲し、紫の幔幕に菊花を描き、棚台は凡て白綸子もて包みたり」、上野広小路黒門町の酒屋加島屋が「旗艦と記せる酒樽を並べて、軍艦の形を作り、下に波の摸様を出し、一本の檣頭に霊鷹のとまれるを飾りたり」など、「沿道の戸々とりどりなる飾りもの、何れもまばゆきばかりの壮麗なりき」（同前）光景をたっぷりと見ることになるだろう。

こうした沿道を「殆ど山王大祭の如き様なり」と、きのうのうちに取材を済ませた『読売新聞』（一二月九日）が報じている。

江戸の祭といえば、日枝神社の山王祭と神田明神の神田祭が双璧であった。このふたつの祭の行列だけが江戸城内に入ることを許された。前者は半蔵門から、後者は田安門から入ったあと、ともに竹橋門を抜けて、常盤橋から出た。そこで、山車やつくりものを曳いて練り歩く附祭は解散、その後は神輿のみが日本橋を渡って、まさしく白木屋が寛文二年（一六六二）から店を構える通町を京橋に向かって進んだ。氏子の町を巡るこの祭礼行列を、沿道の大店が華やかに飾り立てて迎えたのである。

龍の首

再び行列に加わり、日本橋を渡って室町に入った。常盤橋方面からやってきた連中も切れることなく合流し、行列はますますふくれあがった。

室町一丁目の両側には鰹節店が軒を列ね、さらに海苔や乾物などを商う店（山本山に山形屋！）が集まっているのは、背後に魚河岸を控えていたからである。しかし、都心に魚河岸があることは、臭気や衛生面から、明治を迎えるとすぐに問題視され、木戸で目隠しをされてきた。六年前の東京市区改正条例では、魚鳥市場の箱崎・芝・深川への移転が決められたものの、容易に進まず、結局は関東大震災を機に築地へと移転することになる。現代でも、築地市場のさら

都新聞社の龍の首
（『戦国写真画報附録　東京市祝捷大会』）

なる移転問題が難航していることを思い出してしまった。そういえば、きょうの祝捷大会にちなんで、本所区徴兵慰労会が区内出兵従軍者家族に、鰹節をめでたく「勝男武士」と称し、五本入り一袋を贈っている（『読売新聞』一二月一一日）。

二丁目に入ると、三井呉服店（三越呉服店になるのは一〇年後）の手前に木屋ばかり六軒も並んでいることに驚いた。木屋漆器店は、暖簾分けに際して同業を生業とすることを禁じたため、同じ屋号ながら、手前から売薬卸、漆器小間物、荒物、金物、打物砥石、唐木小間物とその商いはばらばらである（白石孝『日本橋街並み繁昌史』慶應義塾大学出版会）。

実は、ずっと未来の話だが（平成一九年五月一二日に)、「刃物の木屋」という大看板の前を巨大な鉞をかついで歩いたことがある。神田祭の附祭復元プロジェクトに参加したからだ。後ろに巨大な鬼の首が続いた。『江戸名所図会』の挿絵を手掛かりに、神田明神が「大江山凱陣」を復活させたものだ。しかし、江戸時代のつくりものとは異なり、鬼も鉞もバルーン製にしたため、肝心要の刃の部分に皺が寄ってしまい、鬼の首を切り落とした鉞にはとうてい見えず、「刃物の木屋」の前でずいぶんと恥ずかしい思いをしたものである(その写真は『芸術新潮』同年七月号および『鬼がゆく　江戸の華神田祭』平凡社に大きく載っている)。バルーンなのに、風をはらんで重かったな。

そんなことを思い出しながら歩いていると、鬼の首ならぬ龍の首が行くのが見えてきた。日清戦争の凱旋には、鬼よりも、清国皇帝を思わせる龍の切首がふさわしいと考えた都新聞社が、新聞の紙型を使ってつくり、山車に仕立てた。それを日本兵に扮した数十人の社員が曳いている。山車には音楽隊が乗り込んで、おととし発表された軍歌「鎌倉男児あり」(作詞・作曲永井建子)を絶えず奏している。曲に合わせて、龍の目がぐるぐると動く。

つづいて、国民新聞の山車がやってきた。こちらは清国兵に扮した社員たちが車の上に立ち、青龍刀を押し立て、軍歌を唱えつつ過ぎて行った。捕虜の見立て、兵服も青龍刀も分捕品という。

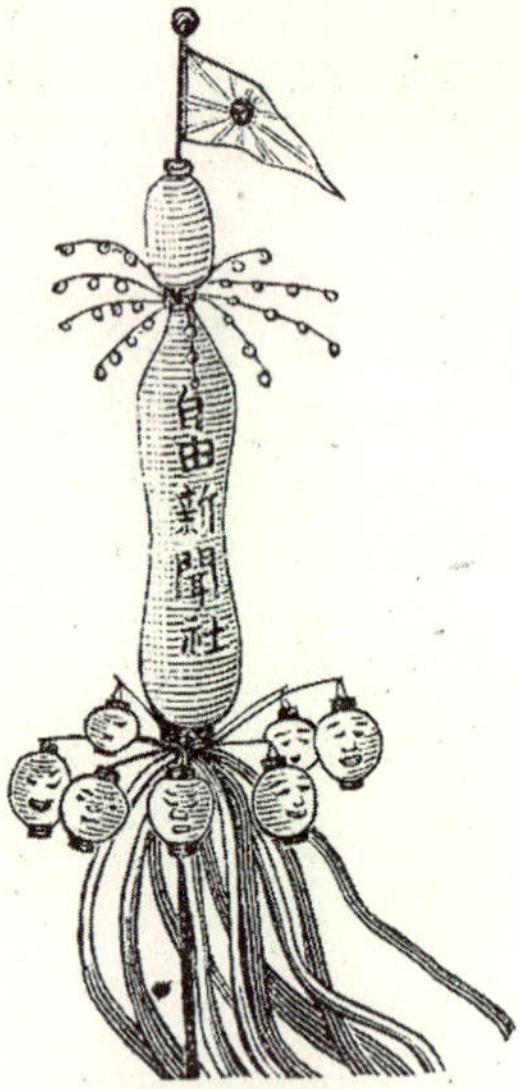

自由新聞社の切首提灯
(『戦国写真画報附録 東京市祝捷大会』)

新橋協親会の面々は、「旅順口分捕品」と大書した幟を先頭に、丈四間もある張り子の大砲を曳いて歩いている。頭に冠ったシルクハットもやっぱり張り子だった。大砲は上野公園に展示される予定だ。

首また首

自由新聞社の社員たちが、大きな筆のかたちをした提灯を押し立てて歩いてきた。上に地球儀を据え、周りに蜻蛉を配している。蜻蛉は「秋津」とも呼ばれ、「秋津島」すなわち日本を象徴する虫である。同時にまた、前にしか進まないことから「不退転」の意味を与えられ、古来「勝ち虫」として武士に喜ばれてきた。その成果が、筆の下にぶら下がったたくさんの提灯に示されている。近づくと、提灯のひとつひとつに清国兵の顔が描かれている。竿は弁髪の見立てだ。

岩谷松平と並んで、やたらと張り切っているのが平尾賛平だった。平尾の店が切首型の「分捕石鹸」で当てたことは、すでに紹介した。行列では、店員に三本の長槍をかつがせているが、

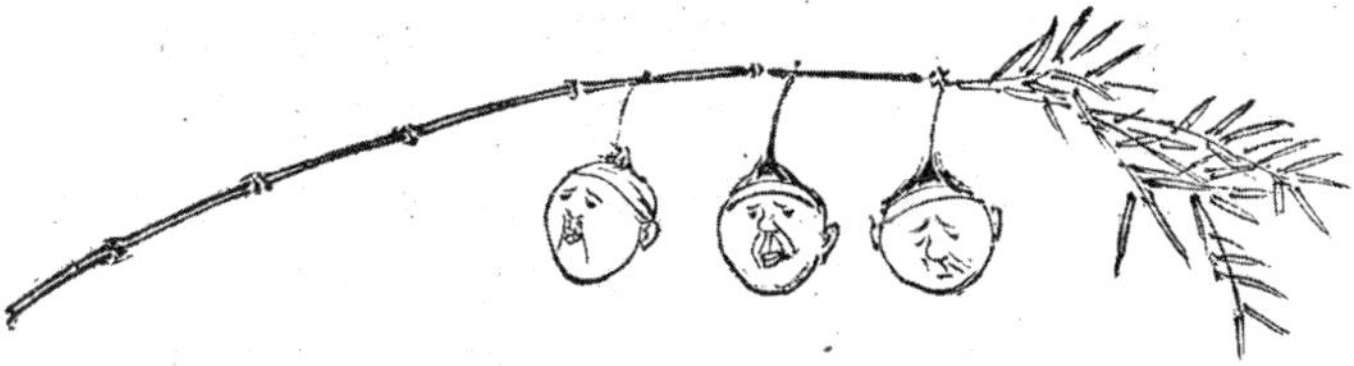

「おもちやのふうせんたま」
(『戦国写真画報附録　東京市祝捷大会』)

三尺もあるその穂先は清国兵の大首を貫いている。

それればかりではない。平尾の発案で、小間物問屋連は清国兵の首級数百を製作し、それを百人の雇い人が沿道に向かって投鞠のように投げ与えながら歩いた(『郵便報知新聞』一二月八日)。この人出に当て込んでさまざまな店が出たが、最も売れ行きのよかったものが「清兵の首に擬したる軽焼」であったという(『時事新報』一二月一一日)。新聞『日本』の附録(一二月一〇日)は、「群衆中の紅毛人」と題し、「支那人の首に擬したる風船数個を小笹につけたる西洋人五六群衆中にもまれ『日本人強い』『私し困ります』『支那人首破れます』と叫ぶ声々可笑しともいさまし」と報じている。

なんだか嫌な話題になってきたものだ。もっと楽しい話はないのかね。ないんだな、これが。だって、みんながみんな、清国兵の首を見て喝采を上げていたのだから。だから目を背けるわけにはいかない。たかだか、ひいじいさんかひいひいじいさんの時代の話である。

第一〇章　万世橋にて

神田に入ったのだから、山車の話をもう少し続けよう。

えっ、何か不満？　何をそんなにじろじろ見てるんだい。「いやだね、私の顔に山車でも通るのかね」。

神田の山車

というのが、このころの「月並な警句」だったのだそうだ。「アンポンタン」こと長谷川時雨がぼんやりと人の顔を眺めていると、よくそう言われたらしい（『旧聞日本橋』岩波文庫）。

「万世橋辺に於て一本の花車を見る、神田ッ児人後に落ちず」と報じたのは『毎日新聞』（明治二七年一二月一四日）である。どこの町内が出したかはわからない。

山車は一本二本と数えたんだね。もともとは一本の柱の上に華やかなつくりものや人形を飾ったというその構造に由来するのだろうか。幕末になると、江戸の山車は屋台の上に人形を載せたいわゆる江戸型山車にすっかり姿を変えてしまったが、平成の日本で、一本柱型の山車が奇跡的に残っているのを、遠州横須賀（静岡県掛川市）の三熊野神社のお祭りに見に行ったことがある。

山車も花車も当て字で、「出シ」から来ているらしい。すなわち、名詞よりも動詞が、ごちゃごちゃ言うよりも行動が、頭よりも身体が先に動いてしまうという感じがこの言葉にはある。

東京市祝捷大会があと一〇年ほど早ければ、神田祭の山車が行列の中につぎつぎと姿を現し、さぞかし壮観だっただろう。明治一七年は、明治になってしばらく鳴りを潜めていた神田祭が盛大に繰り広げられた年である。九月一五日、参加した山車は四六本を数えた。ところが、それをねらい撃ったかのように、昼から暴風雨が襲いかかり、山車の大半が倒壊してしまった。以後再建できない町が多かった。

それでも、明治二二年二月一一日の大日本帝国憲法発布の際には、神田明神の氏子たちは山車を宮城前にまで曳いて行き、祝意を表した。夏になると、八月二六日が旧暦の八月一日（八朔）に当ることから、ちょうどきょうのように、上野公園を会場に「江戸開府三百年祭」が開かれ、山車が数本曳き出された。「江戸」の名を憚って、表向きには「東京開市三百年祭」と称したものの、主会場となった不忍池畔の馬見所内部には、江戸城大広間が再現された。といっても、「壁紙ハ松ノ摸様ヲ画キテ之ヲ貼リ」という涙ぐましい代物だったのだけれど（大槻修二編『東京開市三百年祭記事』吾妻健三郎印刷、明治二三年）。そして九月の祭り本番を迎えて、なお一四本の山車が出たという記録がある。

一方、今から一一年後のことになるが、日露戦争の凱旋祝賀会の折りに、神田の山車が万世橋の袂に一〇本勢揃いした。『風俗画報増刊凱旋図会』第三編（明治三九年一月一日発行）が、その様子をカラーの口絵で伝えてくれる。ひときわ大きい鍾馗を中心に、日本武尊、大市媛尊、豊玉姫、関羽、熊坂長範などの人形を戴いた山車が描かれている。ただし、それらは曳き回されず、沿道に置かれたままだった。

こうして見ると、東京市祝捷大会には不思議なくらい山車の影がない。だからこそ、万世橋に至って一本の山車を目にした毎日新聞記者は、思わず喜んで、「神田ッ児人後に落ちず」と評したのだろう。

不用を転じて有益となし

日本橋からまっすぐの大通りを、神田鍛冶町、神田鍋町、通新石町、須田町と、道幅いっぱいに広がって歩いてきた行列は、神田川にぶつかって大混乱を生じた。いくら万世橋が東京有数の石橋とはいえ、人の流れはぎゅっと絞られ滞る。二〇人ほどの巡査が交通整理をしていたがとうてい追いつかず、「橋袂に数千の人車堵を築き、一時は二十分も費さゞれば通行すること能はざるが如き混雑を醸し、老若婦女は此処にて引き返したるもあり」という有り様だった（『時事新報』一二月一一日）。しばらくは渡れそうにないから、万世橋界隈をじっくりと眺めることにした。

日本の都市には広場がなかった、あるいは今もない、とよくいわれる。西洋の広場を基準にそういうのであり、だから日本の都市空間は貧弱だと嘆いて終わることが多い。それなら、広場とは何かを論じることから始めねばならないし、それ以前に、日本の現実を知る必要がある。

江戸の町では、橋詰が火除地を兼ねて、広く空いた場所だった。両国橋西詰が茶屋や見世物小屋の立ち並んだ盛り場であったこと、明治を迎えたとたんにそれらが姿を消してしまったことは、第五章で少しだけ話題にした。

江戸の切絵図を見ると、万世橋のこのあたりも広く空いている。ただし、まだ万世橋はなく、架かっていたのは筋違橋であった。橋は筋違橋御門とセットになって通行人を管理した。日本橋から始まる中山道、徳川将軍が江戸城を出て菩提寺の上野寛永寺へと参詣するための御成道がここを通った。さらに、駿河台や柳原方面からも小路が集まってきたため、「八ツ小路」とも呼ばれた。このようにいくつもの道が収斂する要路であったがゆえに、両国ほどではなかったにせよ、南詰の東側、小柳町のあたりに茶屋や見世物の集まる盛り場を形成していた。それを広場と呼んでもよいのではないか。

明治政府はこうした城門（見附ともいう）をつぎつぎと破壊することで、通行の自由を拡大し、江戸が東京に変わったことを住民に知らしめた。明治六年に行われた筋違御門の破壊と万世橋の建設とは、その象徴的な出来事だった。なぜなら城門の石垣を崩し、その石材を転用して、東京初の石橋を架けたからだ。明治一〇年に出版された岡部啓五郎『東京名勝図会』（『江戸名所図会事典』ちくま学芸文庫所収）がその意義を「不用を転じて有益となし」と的確に語っている。

万世橋と書いて「よろづよばし」と読ませた。実際、親柱にひらがなでそう刻んでいる。「府尹不朽を祝して」（同前）、東京府知事大久保一翁が名付けた。ふたつのアーチを連ねた石橋ゆえに「めがねばし」とも呼ばれた。とはいえ、「万世（よろづよ）」にまではもちろん伝わらず、それどころか明治三九年には撤去されてしまう。わずか三三年と短命であった。ただし、同様に城門の石垣を壊して架け

万世橋（玉井哲雄編『よみがえる明治の東京　東京十五区写真集』角川書店，平成４年）

た常盤橋（明治一〇年架橋）が平成の東京に残っていることは、東京の破壊の歴史、いや「歴史の破壊」を振り返れば、奇跡というほかない。

万世橋にふたつのアーチを設けたことは、隅田川に通じる神田川の水運を考慮したからである。荷物を満載した何艘もの舟が、川面を、そして橋の下を行き交っている。この水運を当てにして、四年前には、日本鉄道が上野から延びてきて、秋葉原貨物取扱所を開設した。河岸に築かれた荷揚所の痕跡を、実は平成の秋葉原の喧噪の中に見出すことができる。

そういえば、この貨物取扱所の開業式を撮ったと思われる写真（横浜開港資料館蔵）に、牛に曳かれた山車が写っている。遠目にも一本柱型と分かり、それは花や旗で華やかに飾り立てられている。そうそう、大切なことを言い忘れていた。神田祭でも山王祭でも、山車を曳いたのは、馬ではなく牛だった。それを平成の神田明神が復活を試みたものの、牛はアスファルトで舗装された道をうまく歩けなかったという。

西からは神田川に沿って、五年前に八王子と新宿を結んで開業した甲武鉄道が延びてきて、やがて万世橋駅（明治四五年開業）が建てられることになる。橋の南詰は合流する道に合わせて植栽がなされており、公園のような様相を呈しているのだが、きょうは群衆の中に全貌を隠したままだ。

万世橋を渡ると外神田になる。内神田との違い、すなわち外と内の違いをご存知だろうか。それは神田川の堤の高さに露骨に表れている。外が低く、内が高い、ということは、いざ水が出た時には、外側へと溢れるように設計されていた。都心（いうまでもなくそれは江戸城）に水が流れ込まないことが至上の課題だった。そもそも今渡ってきた神田川が、本郷台地の切っ先を人工的に切り崩してつくった放水路にほかならない。堤防の高低差、現代ならこれを不公平と呼ぶ。

湯島聖堂と神田明神

神田川に沿って上れば、すぐに湯島聖堂である。万世橋のひとつ隣にあった昌平橋は孔子を祀った聖堂に因んでいる。孔子の生まれた村が昌平郷だからだ。行列を離れて立ち寄ることにした。

四年前に、上野公園にあった東京教育博物館が、土地建物を東京美術学校に譲り渡して、この地に移ってきた。今は東京師範学校の附属施設である。

乙種観覧券を一銭払って買い求め（ちなみに甲種観覧券は二五銭で一年間有効のパスポートだが、たぶんこの町に一年は暮らさない）、駆け足で展示室を見た。仰高門脇に新築された第一展示室はすっ飛ばし、入徳門、杏壇門と抜けて、大成殿の前庭に出た。向かって右の回廊が第二展示室、左の回廊が第三展示室、木製のガラスケースに、諸外国の教材・教具・標本・児童向け玩具などがびっしりと展示されている。

正面の大成殿は、師範学校が時々教室として使用するらしい。明治五年に文部省が聖堂を会場に博覧会を開いた時、主の孔子像は居場所を追われ、その境遇を礼拝物から展示物へと大きく変えた。名古屋城の金鯱や動物の剝製といっしょに並べられる始末。明治九年には元の場所に戻されたものの扱いはいたって粗末なままで、儒学が洋学に取って代わられたことを、これほど露骨に示す光景はない。

ちなみに、聖堂は大正一二年の関東大震災で焼失してしまう。のちに復興成ったものの、木造ではなく鉄筋コンクリート造を採用したから、きょうは展示物よりも、柱や壁に手を触れて撫で回し、ひとり密かに別れを惜しんだ。

と、このあたりまでは空想。なぜなら朝が早くて、東京教育博物館はまだ開館していなかったからだ。

聖堂の背後に回ると、神田明神の正面に出る。神仏分離にこだわった明治政府は、江戸の総鎮守神田明神を神田神社に改称させたが、「神田ッ児」は誰も神社だなんて呼ばない。そもそも祭神は平将門、自ら「新皇」と称したとおり、都の天皇に弓を引いた人物だから、京都から東京に乗り込んだ明治天皇が神田明神に足を運べば、問題にならざるを得なかった。そして、それは間もなく起こった。明治七年九月一九日、板橋近郊での軍事演習親閲の帰途、神田明神に立ち寄ったからだ。神社側は急遽将門の霊を別殿に移して対応した。

やっぱり神田明神も関東大震災で社殿を失い、湯島聖堂同様に、鉄筋コンクリートで再興した。どちらの復興にも、建築学者伊東忠太が寄与している。ここでは拝殿の太い柱に本当に手をふれて別れを惜しみ、さあ、男坂を一気に明神下へと駆け下り、行列に戻ることにしよう。

第一一章　掏摸にご用心

社会の敵

向こうを出る前に、これから東京市祝捷大会に行ってくると話したところ、早稲田大学の丹尾安典さんから「掏摸に気をつけて」と言われた。さすがに明治の東京をよくご存知だ。実はちょくちょくこちらに来ていて、東京専門学校で教鞭を執っているのかもしれない。あと八年経つと、この学校は早稲田大学と名を変える。

平成日本の「社会の敵」は、暴力団、痴漢、振り込め詐欺師といったところだろうが、こちらでは何といっても掏摸である。人が大勢集まるというだけで、掏摸は腕が、いや指が鳴り、誰もがそれを警戒する。

警戒したってやられる。そう思って、尾佐竹猛『賭博と掏摸の研究』（新泉社、昭和五五年）をよく読んでからこちらに来た。とりわけ第二章「掏摸物語」が役に立った。そもそもは懐か袂にしか財布を入れられない和服がいけないのであって、洋服なら大丈夫だろう。

警察は、ここぞとばかりに、一斉検挙に乗り出したようだ。一昨日から掏摸狩を始め、すでに七〇余人を逮捕・拘留し、尚厳重に探偵中と今朝の『読売新聞』(明治二七年一二月九日)に書いてあった。

『読売新聞』にかぎらない。『郵便報知新聞』も『都新聞』も『二六新報』も、今朝は掏摸に関する記事を載せて、読者に警戒を呼びかけている。それらによれば、下谷や浅草の各警察署から一五〇人の巡査が出て警備に当たるほか、警視庁も、第二部第一課長伊藤警部以下三〇余名の刑事・巡査を出動させ、御徒町の宿屋武蔵屋に出張所を設けたという。

赤毛青毛の防寒隊

何しろ、東京市内ばかりでなく、地方からも見物人が続々と集まってきている。日本鉄道会社は水戸・宇都宮・前橋からの運賃を片道五割引とし、両毛鉄道会社も同じく五割引、甲武鉄道会社と青梅鉄道会社は、きのうから明日までに限って三割引とした(『萬朝報』七日)。さらに、総武鉄道の本所・市川間がきょう開業というのだから(同九日)、「赤毛青毛の防寒隊」が「近郊近県から『ヲリヤー、ハー、アンダッテ江戸の祝捷大会の見物シベーヤ』の一群は三々伍々隊を為し、幾万衆中に点々するを見る、是も亦当日の一奇観」(『日本附録』一〇日)という有り様であった。

赤毛布の彼らは大概が上野公園内の土手に陣取ったので、土手下より見ると、まるで木の実が生ったように見えた。機転の利く輩が敷物代わりに桟俵を数百枚持ち込み、一枚一銭で売り捌いたところ、たちまちのうちに売りつくしたという（『時事新報』一一日）。

彼らが、赤毛布ならぬ、葱を背負った鴨であることはいうまでもない。掏摸もまた、その後を追って、各地から東京へと入っている。大金および金時計はなるべく所持せぬように、地方から出てきた者は大切の品を旅人宿に預け置くようにと、今朝の『萬朝報』が書いていた。

いきなり「掏摸だ！」という怒鳴り声が上がった。見たところ四五、六歳の官員風の男が、男の手をつかんで争っている。すると、近くにいた男が数人、その官員風の男に殴り掛かり、忽ちのうちに倒してしまった。傍らでは、連れの老母と細君、それに幼い娘があれよあれよと気を揉んでいるばかり。そこへ四、五人の近衛兵士が割って入り、争いを収めた。しかし、それきりになったところを見ると、掏摸の一味は群衆の中に素早く姿を消したのだろう。なるほど掏摸はグループで行動すると、尾佐竹の本で読んだとおりだ。

代わって、今度は母親の逆上したような悲鳴。「助けて、助けて」と泣き叫びながら、駆けずり回っている。娘が行方不明になってしまったのだ。見かねた周囲の者が探し回り、また派出所からも巡査が駆けつけてきて、大騒ぎとなったが、ようやく探し出すことができた。四人はもうこりごりと、上野の山には向かわずに、俥を雇って早々に帰って行った（『都新聞』および

『読売新聞』一一日)。

香川県多度津善通寺からはるばるやって来た竹内虎一は、すでにきのうのうちに財布を盗られてしまった。上野公園山王台のあたりを歩いている時、二〇円入りの財布がないことにはたと気がついた。驚いて探し回っていると、財布を拾ったと言って見せる男が現れた。「それは私のです」と言う間もなく、男は雲を霞と逃げ去ってしまった(『都新聞』九日)。一方、西多摩郡五日市町から上京した吉田某が掏られた金額は竹内の六倍強、なんと一三〇円であった(同一一日)。桟俵なら一万三千枚も買える。ふたりとも、さぞかし都会には懲りたことだろう。

この日、現行犯で逮捕された掏摸は、『東京日日新聞』(一一日)によれば二〇人、『時事新報』(同日)によれば三五人、『読売新聞』(同日)によれば五八人に上っている。この目で見たわけではないが、池之端の薬屋宝丹の店先の格子には、八人か九人の男が両手を縛られ繋がれていた。傍らにひとりの巡査が立ち、これを監視していた。いずれも現行犯逮捕された掏摸で、そのつど警察署に連行する暇がなかったからだというから、きょう捕まった掏摸はもっとたくさんいたのではないだろうか。きのうまでの逮捕者と合わせれば百人を優に超える。このうち、証拠不十分な者は、明日の晩には解放されることになる(『二六新報』および『東京日日新聞』同日)。予防拘留の意味合いもあったに違いない。

上野山下、三橋あたりの雑踏（『東京市祝捷大会』）

不忍池の水は隅田川方面へと流れている。広小路を横切る川に架かった三つの橋を称して、三橋とも三枚橋ともいう。江戸城から寛永寺へとつながる御成道の最後にわざわざ三枚の橋を設けたことには、そこから聖域に入るということを意味したに違いない。平成の東京では、川も橋も姿を消して（暗渠となっているのだろう）、わずかに近くの甘味処に「三橋」という名を残すばかりだ。

三橋界隈

万世橋からこのかた、沿道にはずらりと飲食店や雑貨商の露店が立ち並んで、寸地も余すところがない。寿司屋、汁粉屋、大福屋、蜜柑屋、一文菓子屋などに客は引きも切らず、売り切れの札を出すところが相次いだ（『日本附録』一〇日)。第九章で、「清兵の首に擬したる軽焼」の売れ行きがよかったと書いたが、ほかに「軍用ビスケット菓子、小児の軍帽、軍旗を付したる風車、チヤン〳〵征伐流行歌」(『時事新報』一二日)や「祝捷大評パン、帝国万歳勝利飴、大勝利万々歳分取玉、海陸軍勝土産一名分捕火吹き、日清韓戦闘牌—花がるた、軍用ビスケット、大日本帝国陸海軍万歳大勝栗、支那分捕豆—南京豆」(『毎日新聞』一四日)などが、祝捷大会に当て込んで一儲けを企んだ輩の用意した商品だった。

このあたりは松源、鳥八十、雁鍋、鳥又などの料理屋も多く、きょうはどこも大入り満員である。玄関を国旗や提灯で飾り立て、中には、植物でこしらえたアーチ「緑門」を構えた店まである。

三橋から先に俥は入れない。停めた俥が一〇両、二〇両と増えて、それが往来を塞いで、いっそうの混乱を生じている。そこへ、乗客を満載した鉄道馬車がつぎからつぎへと到着して、三橋界隈は群衆に埋め尽くされてきた。

雲、林、潮、山、海など群衆を形容する言葉は数多くあるが、どれをとっても、この押し合いへし合いを語ることはできない。かろうじて身を脱して帰り来れば、急に身長が三寸も伸びってしまったような気がしたとは、『郵便報知新聞』記者の実感である(「身長の伸びるを覚ふ」一〇日）。

鉄道馬車の奥にうっかり座った少女は、車の内外に溢れる乗客に押し付けられて、とうとう顔が歪んでしまったと書くのは『日本』記者である（「鉄道馬車」同日）。

あまりの人混みに揉まれ、美しく着飾った衣類が泥まみれになり、三橋際で巡査の手にすがって一七、八歳の美人が泣いているのを目撃したのは、『萬朝報』記者である（「三橋際の泣美人」一一日）。

宮城県松島町の貸座敷松川楼の娼妓松島（二〇歳）が、同楼の妓夫本田庄五郎（二四歳）と手に手を取り合って出奔、上京し、この広小路を楽しそうに歩いていたところを下谷警察署の手につかまってしまったと書いたのも『萬朝報』記者である（「混雑中で落人捉まる」同日）。

これほどの大混雑の中で、いったいなぜこのふたりはつかまってしまったのだろう。記者はその事実しか書かないが、不運としかいいようがない。

それにしても、さすが下世話に通じた『萬朝報』である。他紙と比べて、見出しもいい。これぞ三面記事の鑑である。実際、『萬朝報』はたったの四面しかなく、そしてその三面にこの手の記事が満載である。

ほかにも、京橋区越前堀二丁目の最上次兵衛の妻お何は八カ月の腹を抱えたまま出かけてきて産気づき、湯島天神の親戚宅に転がり込んで無事出産とか（「混雑の中で産の気がつく」同日）、へべレケに酔った男が不忍池に落ちたが、一向に平気で帝国万歳を叫び続けて巡査に救われた、そんな男があと一四人いたとか（「大酔して池へ落つ」同日）、下谷警察署に届いた拾い物は、駒下駄と草履が大八車に六台ほど（「拾物届山の如し」同日）などと楽しい。

いやはや、東京市祝捷大会の会場を目前にして、すでに混乱の極みである。

彷徨子の足跡

前章で神田の山車にふれた『毎日新聞』記者を紹介したが、「彷徨子」を称する彼だけは目のつけどころが一風変わっている。五日後になって、「十二月九日の東京」と題した短いルポを掲載した（同一四日）。それによれば、きょうの「彷徨」が手に取るようにわかる。

スタートが遅い。顔を洗って朝飯を済ませ、築地の下宿を飛び出したのが午前八時半というから、そのころ私は日本橋のあたりを歩いていた。銀座の毎日新聞社に寄ると、閑散として、爺さんがひとり留守番をしているばかり。総勢百人ばかりの社員がすでに七時に出陣したと知る。あわてて鉄道馬車に乗り込んだが、あまりの混雑に辟易。途中、上野に向かう皇太子の馬車を目にする。ようやくたどり着いた上野公園の様子を一渡りスケッチしたあとで、本郷龍岡町の下宿屋に知り合いの学生を訪ねたところ、そこでは同輩が何人か集まり、花カルタの真最中であった。「蓋し東京幾万の書生のその半分（?）の消息は即ち是歟」と結んでいる。帝大生の無関心にふれた貴重な証言である。

第一二章　玄武門一番乗り

緑門・黒門・赤門

上野広小路の三橋を渡ったところに、大きな門が建っている。「祝戦捷、帝国万歳、明治廿七年十二月」と書いた扁額がいやでも目に入る。遠目にも、丸太を組んで、杉の葉をかぶせただけの仮設の門だとわかった。

幕末の横浜居留地に始まり、開業式や開校式など祝賀行事の際に好んで建てられてきたこの手の門は、植物製であるがゆえにずばり「緑門」と呼ばれた。しばしば「アーチ」とルビがふられる。

明治二八年が明けると、全国各地で日清戦争の祝捷会、凱旋軍の歓迎会が相次いで開かれ、もっと手の込んだ緑門が盛んに建てられることになる。五月三〇日の天皇の広島からの帰京、すなわち東京凱旋を迎えるために日比谷に建設される凱旋門は、「長さ一町に余り、央に高百尺以上の高塔を設け、前後に貫通門巾廿七尺のアーヂを備へ、高さ四十尺、巾卅三尺の廻廊を以て連続す」（『東京日日新聞』明治二八年五月二一日）という、写真を目の前に突きつけられてなお信じ難い大きさだ。ちなみに一町は約一〇九メートル、百尺は約三〇メートルである。

さて、三橋の緑門では、両側の太い柱の先端に「千二百燭の電燈」がついており、夜に入って明かりがともると、「燈光燦然宛ながら二箇の満月を望むに似て立派なりし」（『時事新報』明治二七年一二月一一日）様相を呈するという。そこから日の丸や提灯をぶら下げた綱が何本も周囲に向かって下りている。きょう一日で大儲けをすることになる東京馬車鉄道会社が寄付した（『日本附録』一〇日）。扁額の文字は同社社長田口元學の揮毫になる（土田政次郎編『東京市祝捷大会』同氏発行、非売品、明治二八年）。

この緑門が東京市祝捷大会の会場入口である。今しがたまで、竹矢来を廻らし、入場券を手にした者だけの入場を許していたのだが、入場券を持たずに来た者、そんなことを知らずに来た者も多く、次第にふくれあがった群衆はついに矢来を押し倒してしまった。入り放題となり、混乱にいっそうの拍車をかけた。

上野の山に入るには、ふたつの道に分かれる。右の石段を上れば、まだ西郷さんの銅像が建っていない山王台（桜ケ岡ともいう）に出る。きのうの昼頃に、私がぶらついたあたりだ。

左の坂道は、不忍池に向かって張り出した清水堂の下を抜けて、公園の中心部へと通じている。寛永寺の大伽藍があったころ、この坂道は将軍が、あるいは将軍代理が詣でる際の重要な参道であった。平成の日本でも、天皇皇后が東京国立博物館を訪れる際には、かつての江戸城を出たふたりの車は、かつての御成道を通って、この坂道をまっすぐに上っていくという。格式の高い道なのである。

その入口にあった簡素な冠木門は「黒門」と呼ばれた。慶応四年五月一五日の上野戦争では、最も激しい戦闘が行われた場所だった。それゆえに古戦場の証として（平成日本の表現なら戦争遺跡として）、弾痕を生々しく残した黒門は大仏の北側に場所を移して保存されてきた。今はまだ帝室博物館の管理下に置かれているが、やがて明治四〇年になると、彰義隊の戦死者を祀る箕輪の円通寺に下賜される。

不忍池に沿ったさらに左側の道は弁天前通りと呼ばれ、これを進むと、弁天堂を過ぎたあたりにもうひとつの緑門が現れる。一〇時から始まる儀式への参列者はここから入って、会場の馬見所へといたる。この門もきょう限りで取り壊されるはずだ。

そういえば、寛永寺本坊の表門が、清水堂同様に上野戦争を生き延び、帝室博物館の正門として使われてきたが、これまた黒門と呼ばれる。のちに公園の一隅の輪王寺境内に移築され、平成の東京にまで伝わっている。ここにも弾痕を見ることができる。坂道をもうしばらく上って行けば、竹の台の向こうにその姿を現すだろう。

緑門・黒門ときたから、ついでに「赤門」の話に脱線しよう。不忍池を挟んだ本郷台地には帝国大学がキャンパスを構える。旧加賀藩邸の遺構として、そこには赤門が建っている。一二代将軍の二一女、溶姫の前田家への輿入れに際して、文政六年（一八二三）に建てられた。姫の門ゆえに赤く塗られた。一般に、この手の赤門は姫の没後に取り壊されたが、溶姫の亡くなったのは慶応四年五月一日（上野戦争のわずか一週間前）であったため、江戸は東京に変わり、加賀藩邸は新政府に上知され、大学敷地となり、赤門は奇跡的に残ることができた。溶姫はひどく長生きをしたように見えるが、実は輿入れの時、まだ一〇歳の少女だった。

玄武門

ちょうど黒門のあったあたりに、今度は異国風の城門が姿を現した。石造門の上に高欄を廻らし、その上に赤い櫓が建つ。これまた遠目にも、石垣が板に描いた絵であることがわかる。むろん、その上の櫓も仮設建築である。朝鮮の平壌にある玄武門を模造した。

日本軍が平壌を陥落したのが九月一五日だから、早くも三カ月が過ぎようとしている。東京市祝捷大会に集まってきたひとびとの興奮は、三週間前の旅順陥落で一段と高まったはずだが、この大会の企ては、すでに一〇月二九日の東京商工相談会評議員会で議決されていた（『東京市

「摸造玄武門」（『東京市祝捷大会』）

祝捷大会』）。計画が具体化する中で、上野公園を戦地に見立て、戦争を疑似体験しようとする趣向となった。そうであればこそ、会場入口に初戦の勝利を象徴する城門を設けることは名案であった。入場すなわち入城となるからだ。玄武門は凱旋門にほかならない。

実は、玄武門の名は、ある武勇伝とともに日本中に鳴り響いていた。原田重吉という一兵卒が、勇敢にも真っ先に平壌城内に飛び込んで、玄武門を内側から開き、日本軍を引き入れたからだ。この一番乗りの場面は、錦絵に描かれ、芝居でも演じられ、誰もが玄武門と原田の名前を知っていた。

しかし、画面や舞台に再現された玄武門

の多くは想像の産物であるため、主催者は、出来るかぎり実物に近いものをつくろうとし、上野公園東照宮坂下に住む田戸庄五郎に設計を依頼した。その大きさとスタイルはつぎのとおりである。

「間口八間、奥行三間五尺、全体の高さ七間一尺にして、門趾は三間五尺あり、木を塗りて石壁に擬し、穹窿状の門口を開く、櫓楼は三間二尺、支ふるに丸柱を以てし、扉を前後に設け、繞らすに赬黒色の高欄を以てす、天井は四辺蛇腹にして、四壁及扉と共に緋色に染め、古色を帯ばしめ、屋上は銅色に塗りて銅瓦に摸し、簷の前後に額を掲げて、之に奥三郎兵衛氏の健筆を揮はれたる『玄武門』の三字を題せり」（同前）。

夜になるとガス燈に火が入り、扁額のさらに上に「祝捷大会」の四文字が浮き上がる趣向だという（『時事新報』一二日）。

田戸庄五郎がどういう人物かは知らない。のちに詳しくふれるが、不忍池に浮かぶ二隻の清国軍艦の設計も担当したという。会場係の委員として名を連ねている（『東京市祝捷大会』）。『郵便報知新聞』（一一日）が「競馬事務所とか聞きたる田戸某方にては、注文によりて、其家に並びて数間の桟敷を構へ、発起人の家族及ひ日本橋辺の或る団体の見物所に充てたり」と報じているから、あるいは会場を提供した上野共同競馬会社の関係者かもしれない。

ただし、今朝の『郵便報知新聞』は、「大道具長谷川勘兵衛が作れる玄武門」と別人の名前を出している。長谷川は猿若町に店を構えて、代々歌舞伎の大道具製作を担ってきた。現在の一四代勘兵衛は五代尾上菊五郎と幼友達で、菊五郎の「鳴響茶利音曲馬」（明治一九年）や「風船乗評判高閣」（明治二四年）などの「キワモノ歌舞伎」（矢内賢二『空飛ぶ五代目菊五郎』白水社）で新たな仕掛けに挑戦してきた。「月白刃梵字彫物」（明治一九年）では、ふたりはわざわざ日光にまで調査に出かけて、舞台に本物そっくりの陽明門を拵えた。「全くよく出来ました。何しろ道具の写真と日光の真実の写真とを比べても見分けがつかぬといわれた位です」とは本人の弁である（一四代長谷川勘兵衛「五代目と大道具」『演芸画報』昭和三年二月号）。

第三章でも少しふれたが、歌舞伎座に玄武門が出現したのは、一〇月二八日に開幕した「海陸連勝日章旗」の舞台であった。菊五郎は原田重吉こと澤田重七を演じて、玄武門をするすると登ったという。

今から一一年後に、同じこの黒門跡に日露戦争の凱旋門が建つ。その時には、岡田三郎助や古宇田実といった東京美術学校の教授陣が学生を率いて製作に参画するが、やっぱり、実際の製作となると、下谷長者町の左官川島徳太郎や職人今泉善吉らの出番となった（『風俗画報臨時増刊　凱旋図会』第三編、明治三九年一月一日号）。こうした仮設建築の担い手が誰であったのか、興味は尽きない。おそらく、彼らが次第に大規模になる博覧会の多彩なパビリオンの建設に携わり、「ランカイ屋」と呼ばれるようになるのではないか。

吶喊

玄武門の前で、腹の底から絞り出したような絶叫がつぎつぎと挙った。日比谷公園からいっしょに行軍してきた白鉢巻きの剣士たちが、玄武門に向かって竹刀を突き出している。吶喊という。法螺貝が鳴り、陣太鼓が乱打される。浅草福富町の養英館が呼びかけ、市内の剣道場がこぞって参加したのである。剣士の総勢七百人に上る。昼過ぎから、彼らは博物館前の広場で野試合を演じる予定だ。

馬喰町の宿屋で読んだ一昨日の『東京日日新聞』には、川上音二郎一座もまた、「旧黒門跡の玄武門に進入の際、該門撃ち破りの仮装演技を為し」とあったから楽しみにして来たのだが、今朝の『萬朝報』と『二六新報』が、それは警視庁から差し止められたと伝える。自ら平壌を訪れたばかりのあの音二郎が、本当にこの玄武門を素通りできるだろうか。

代わりに、酔っぱらいが原田重吉をきどり、玄武門に向かって突撃している。足がふらついて、原田のようにも、菊五郎のようにもするするとは登れない。あらら、今度は棒を振り回して門を壊し始めたよ。そんなことしちゃだめだよ。石垣じゃなくて、石垣の絵なんだから。そうこうするうちに、駆けつけた巡査に取り押さえられた。酔っぱらいの名は、本所区原庭町の鈴木兵吾。いったんはしょっぴかれたものの、「酒の上とて説諭で放免」となった(『萬朝報』一一日)。

第一三章　原田重吉という人生

何かのちょっとした
ほんの詰らない手柄

白昼衆人環視の中、上野公園入口で玄武門一番乗りをひとりの酔っぱらいによって演じられた原田重吉には、後日、自らも原田重吉を舞台で演じたという奇妙な話が残っているので、しばらくは祝捷大会の喧噪を離れて、この男の人生を追いかけることにしよう。

萩原朔太郎が、日清戦争が終わって四〇年も経ってから、遠い昔の出来事をふと思い出したかのように、原田のことを書いている。題して「日清戦争異聞（原田重吉の夢）」（萩原朔太郎個人雑誌『生理』終刊第五号、昭和一〇年二月発行）、これは岩波文庫『猫町　他十七篇』で簡単に読むことができる。

戦争当時、朔太郎は八歳だから、武勇伝に夢中になる年頃だ。しかし、戦場から戻った原田がやがて放蕩に身を持ち崩してゆくという大人の話はあとから聞かされたに違いない。

高村光太郎の取り上げ方も奇妙だ。こちらはもっと遅く、昭和二二年に発表した連作詩「暗愚小伝」の中で、「日清戦争」という詩を、「おぢいさんは拳固を二つこしらへて／鼻のあたまに重ねてみせた。／――これさまにちげえねえ。――／原田重吉玄武門破りの話である。」と始める。

このまま原田の話が続くのかと思うと、そうでもない。栃木県は鹿沼の古峯が原の天狗を暗示するような話で終わってしまう。光太郎は戦争当時一一歳、朔太郎とそれほど変わらない。大人になった光太郎の脳裏に浮かんだ原田も、単なる戦場の勇者ではない。

光太郎の詩に比べれば、朔太郎の短編はわかりやすく、原田重吉の人生を簡潔に教えてくれる。

玄武門一番乗り、あるいは門破りという「何かのちょっとしたほんの詰らない手柄」を立てたがゆえに、復員後の原田は「田舎の味気ない土いじり」に満足出来ず、「壮士役者に身をもち崩し」、「それから人力俥夫になり、馬丁になり、しまいにルンペンにまで零落した」。最期は浅草公園のベンチで眠るように死んでゆく原田は、玄武門の内側で死んだ弁髪の支那兵たちに似て、その人生はまるで夢の如くであった。

これがひとり詩人の空想ではないことは、明治三七年六月一七日の『読売新聞』が、日露戦争で名誉の戦死を遂げた同姓類名の原田宇之吉という勇士を引き合いに出して、重吉の方は「どうも其後の行為が天下の勇士として褒める価値がない、酒色に耽つて借金で首が廻らぬ処から、玄武門の勇士を売物にして、俳優の仲間へ這入り、紅白粉を塗つて、舞台へ飛び出すに至つてハ、お座が醒めた話だ」とこきおろしていることからもわかる。

「一兵卒挺進平壌城の門を開て我軍を入るゝ図」
（『日清戦争図絵』第２編）

なるほど、すでに明治三三年四月六日の『時事新報』が、「大阪、神戸、播磨を巡業して、来る九日、新富座に乗り込むべき扶桑団武知元良一座には、かつて本紙に記載したる玄武門の勇士原田重吉も加わり居る由」と報じている。むろん、舞台で原田は原田を演じたのであり、記事は「「玄武門」の筋書は、先年歌舞伎座にて音羽屋の演ぜしものとほぼ同じく、目下その筋へ伺い中なるよし」と続ける。

一兵卒の原田が舞台に上がったことが、なぜそれほど指弾されたのか。それは、抜群の軍功に対して、原田が天皇から金鵄勲章を授かっていたからだ。この話はまた、当時はそれほどまでに役者の地位が低かったことをも示している。順序が後先になってしまった。そもそも原田は、転落までの坂道を、どのように上り詰めたのかをたどることにしよう。

張飛の如く

平壌は明治二七年九月一五日に落ちた。玄武門を破ったのは、歩兵第一八聯隊第二大隊第六中隊に属する三村幾太郎中尉率いる小隊であった。勝利の知らせと戦闘の詳細は、月末までには内地に続々と届き始めたものの、その一番乗りが誰であったかは定かでなかった。誤報もあった。一〇月一四日になってようやく、新聞各紙が一斉に、それは一等卒三河人原田重吉であると報じた。

中でも『都新聞』は、原田の活躍ぶりを事細かく伝えてくれる。まるで新聞記者が玄武門の内側で待ち受け、飛び込んだ原田が敵と闘い、大腿部を銃剣で貫かれつつも門扉に取り付いて開き、味方を招き入れるまでの一部始終をビデオカメラに収めたかのようである。

そのさわりを少し「ご覧」いただこう。

「雨よりも繁き弾丸の下を潜りて、玄武門外の懸崖に取付き攀登りたり、此時、門内の清兵ハ、日兵如何に勇と雖ども門外の懸崖を攀登ることを得ん、此門だに固守せバ平壌ハ安全なるべしと、一生懸命に前面なる我兵を射撃し、他を顧みず、豈図らんや、猿猴と雖ども上り得まじと頼みたる城壁の上に突然日本兵の跳り上るあらんとハ、門内にヒシくと詰め居たる清兵も張飛に睨め付られたる曹操の軍の如く、思はず人波うつて騒ぎ出せり、元来死を決したる原田一等卒ハ、瞬間の猶予も無く、身を翻へすよと見へしが、猛虎の如く群がる敵中に飛込み、銃剣を振て当るに任せて突き伏せたれども、其身も亦た大腿部を敵の銃剣に貫れたり。」

『三国志』の英雄張飛が曹操の軍を睨み付ける場面とは、「長坂橋大喝」と呼ばれるもので、劉備を逃がすために、わずか二〇騎の部下とともに、長坂の橋を切り落として背水の陣を敷き、曹操軍に決着を迫ったところ、たじろぐ幾千の軍兵は一歩も先に進めなかったという話である。

中国相手の戦争に、根強い人気の『三国志』からさまざまな逸話が持ち出されることは当然であった。しかし、城門の内側に飛び込んで味方を引き入れる場面は、何といっても『忠臣蔵』のクライマックス、討入りの始まりを読者に連想させただろう。新聞記者は目撃したことを書いていたのではなかった。最前線の光景を目にすることなど出来るはずがない。むしろ読者の期待や空想に言葉を与えていたのである。

原田重吉は忽ちのうちに時の人となった。音羽屋こと尾上菊五郎が歌舞伎座の舞台で澤田重七こと原田重吉を演じた「海陸連勝日章旗」の初日は一〇月二八日だから、最初の報道からたった二週間しか経っていない。

戦場での活躍に次いで、今度は原田の人となりが報じられた。住所は愛知県三河国東加茂郡豊栄村、明治元年一〇月一〇日生まれというから、二七歳になったばかりだ。両親ともにすでに亡く、妻と二歳になる娘と暮らしていた。娘は病弱で、わずかな田畑しか持たず、暮らし向きは豊かでなかったが、性格は温厚・廉直・寡欲にして剛毅・活発の風ありと『読売新聞』も『毎日新聞』も伝える（ともに一〇月一六日）。

しかし、この年の春は田畑を村人に任せて耕さず、自らは日雇いに従事していた。不審に思った隣人がその理由を問うと、原田は一朝事あるに臨んで国家に尽くす決意を示した。農民としてそれはおかしいと戒めたところでまったく意に介せず、かといって狂ったようにも見えず、平然として他家に雇われていた。

そこに戦争勃発、召集されるや欣然として応じた。軍服に身を包んだ姿は前日までの日雇人の姿からは一変し、そこではじめて隣人は原田の思いを知り、大いに感心したというこのあたりの人物評も、晴れて仇討ち成ったあと、隣人が赤穂浪士であったことに驚き賛嘆する『忠臣

小林清親「冒彈雨單身開玄武門」（明治27年）（茅ヶ崎市美術館蔵）

蔵』を思わせる。

軍人としての原田は、品行方正・勤務勉励・学術技芸熟達、射撃術および器械体操に長じ、とりわけ障害物跳越に優等な成績を収めるなど、非の打ち所がない。玄武門一番乗りは原田をおいてほかにない、といわんばかりの書きぶりである。

原田の名前が報じられてちょうど一週間が過ぎた一〇月二一日に、なんと戦地から妻ヨウに宛てた原田の手紙が新聞紙上で公開された。無事を告げたあとで、「郷里に在ては児子の養育を第一とし、小生の帰国を待ち居るべし」と命じ、追伸で、玄武門先入の軍功によって、去る九月二四日付で歩兵上等兵に昇進したことを伝える（『毎日新聞』）。

その一〇日後には、今度は妻の手紙が公表された。ただし、戦地の夫に宛てたものではなく、『日本風景論』（政教社、明治二七年一〇月）を刊行したばかりの地理学者志賀重昂の妻宛てである。志賀の郷里が岡崎で、原田の豊栄村に近いことから、留守宅を慰めようと、志賀の妻が原田に関する新聞記事を切り抜いて送ったという。それに対する礼状であった。

それが公表されるとは何とも奇妙な話だが、文面はもっと奇妙である。軍人の妻たる者の覚悟を伝えて、一介の農民の妻が認めたとはとうてい思えない。そこには、二歳の娘に宛てた重吉の遺言がこんな調子で語られている。「若し人に問はれなば、我父は軍人として外征に赴き、君の為め国の為め戦死したりと立派に回答をなし、万人の驚敬を受けん事を蔭ながら待居候」(『毎日新聞』一〇月三〇日)。それにしても、一兵卒の原田はいつから「軍人」になってしまったのだろう。

一一月に入ると、今度は津和野出身の国学者福羽美静が「原田の武勇」と題した詩を新聞に発表している(同一一月一〇日)。その一節をここに書き写そうと思ったら、先の『都新聞』の記事をそのまま五七調にアレンジしただけなのでやめておく。

歌舞伎座での評判を聞きつけて原田の同郷人が上京、舞台の原田(実は菊五郎)に向かって、「重吉様万歳、うまく遣つてくれました、おまへ様の為に八村中で餅でも搗いて祝ひますぞ」と、おそらくは三河弁丸出しでつい叫んでしまった(『読売新聞』一一月一一日)。

実兄原田菊五郎(むろん尾上ではない)が勤める馬喰町の蕎麦屋がやたら繁昌し始めて、気を良くした主人が原田の妻子を招待し、「大勝利支那討蕎麦」なるものを三日にわたって売り出した（同一二月二五日）。

原田重吉が郷里に錦を飾ったのは、翌年六月末のことである。まさしく本人の預かり知らぬところで、これほどまでに持ち上げられてしまえば、あとは下り坂をゆくしかない。勇士原田重吉を演じ続けるのはどだい無理な話だが、原田の失敗は、貧窮のあまりに芝居の世界に足を踏み入れ、舞台で原田重吉を演じようとしたことにある。それは坂道を下るというよりも、崖っぷちから身を投じたに等しかった。

新富座に乗り込んだ一座の評判は惨憺たるものであった。舞台に現れた原田に向かって、客席は「ヤイ樵夫め、軍人の面汚しめ、引込め、くたばつて仕舞へなどなど喧々囂々、耳も聾せん計りに罵り騒ぎ」と『読売新聞』（明治三三年四月一九日）が書いている。

第一四章　新面目の演劇なり

「川上演劇、来九日はやすみませぬ」。数日前から、市村座は新聞紙上にたびたび広告を出した。連日の大入り満員だから、一日たりとも休んだら大損である。そこで、東京市祝捷大会への出番は昼前となり、市村座は定刻どおりに幕を開けた。戦争劇のさわりだけを上野公園で演じて、あとは劇場へ足を運んでもらおうというのだから、いかにも宣伝上手の川上音二郎らしい。主催者東京市祝捷大会による正式の余興ではなく、「有志寄付余興」という扱いであった。しかし、それを皇太子が観覧したのだからたいしたものである。

川上演劇台覧

主催者は、川上一座には日比谷公園から上野公園へと歩く行列の先鋒役を頼むつもりだった。そのまま玄武門突撃も計画されていた。ところが一昨日になって、皇太子の参列が決まったため、急遽予定を変更、博物館の前庭で野外劇を演じることになった。不忍池畔での儀式が始ま

川上一座仮装日清戦争演劇（『東京市祝捷大会』）

るまでに、芝居をご覧に入れようという算段だ。したがって、一部の新聞が、今朝になって川上の玄武門破りが警視庁から差し止められたと報じたのは誤報である。段取りを変えて、一座は夜明け前から準備を始め、博物館前で皇太子の到着を待った。

おそらくは皇太子自身が観劇を強く望んだのだろう。そうでなければ、儀式に間に合うように御所を出ればよいだけの話だし、そもそも、皇太子は川上一座の演劇を楽しんだあとで、儀式の途中から参列した。明らかに、観劇を優先している。とはいえ、皇太子が川上音二郎に上演を命じたわけではない。間をとりもつ誰かがいただろう。その人物については、あとで考えることにしよう。

ともあれ、台覧とは川上にとってこの上ない名誉だし、これでまた芝居は一段と世間の評判になる。しめしめと思ったに違いない。そのためには、何を演じるのがよいのか。

今朝の『読売新聞』によれば、「成可く勇壮活発なる場、並に幾分か皇室と国民とに関する場」として、八月に浅草座で演じた「壮絶快絶日清戦争」の除幕、すなわち戦地の軍人が恩賜の煙草を戴いて感涙に嗚咽する場、平壌の戦の場、それに大切りを加えた三幕を選んだという。同じく今朝の『東京朝日新聞』は、第二幕が「李鴻章新聞記者を拷問場」、「我軍奮戦北京陥落の場」になったと伝える。第二幕とは、第三章「市村座見物」で紹介したとおり、レコードになって音声が伝わっているあの芝居である。もう一度、そのやり取りを引いてみよう。

水沢　恭二「比良田、比良田、もう決心をせんけりゃァいかんねェ。」
比良田鉄哉「改まって、決心とは……ナナ何だ。」
水沢　恭二「こうして食事まで絶たれておって、いったん一度は李将軍の面前に突き出されて、僕ら二人の命は取られるんだ。そうして恥辱を受けるより、僕ァ潔く死ぬつもりだ。」

比良田鉄哉「何だ、水よ、未だ自由も達しないのに、こんな処で死なれるものか。」

しかし、吹きさらしの屋外で、役者がこんな台詞を交わしたところで、聴き取れるはずはない。おまけに、皇太子の観覧席は、博物館の正面二階のバルコニーに用意されていた。目先の利く川上は、「万一陰気にして殿下の御退屈を招き奉る様の事ありては恐れ入る次第」と判断、「目下市村座で演じ居れる高田実の谷陸軍大尉が奮戦の場」に切り替えた（『時事新報』一二月一一日）。

芝居は地べたで演じられた。背景には大きな幕を張ったのみ、舞台はない。わずかに添えられた清国軍の旗と植物の前で、日本軍兵士と清国軍兵士とが入り乱れてひたすら闘うだけであった。足元には、弁髪を長く延ばしたつくりものの首がごろりところがっている。「敵味方兵士の戦死者は直ちに衛生隊にて担架に乗せて昇去り、毫しも見苦しきものを場内に留めざる趣向」と気配りを見せたものの、ドタバタ劇であったことは間違いない（『東京朝日新聞』一二月九日）。

皇太子は何度も椅子から腰を浮かせて、眼下の戦争劇を楽しんだ。お褒めの言葉は「新面目の演劇なり」というものであったそうだ（『毎日新聞』一二月一一日）。

すっかり意気上がる一座は、音楽隊を先頭に引揚げの途中、玄武門に向かって小銃を向け、一斉に空砲を放ち、凱歌を奏して市村座へと帰って行った。

鼻水たらして

皇太子が近衛陸軍中尉の軍服を身につけて東宮御所を出発したのは、東京市祝捷大会の公式記録によれば、午前九時一〇分であった（『東京市祝捷大会』）。馬車には東宮大夫黒川中将が同乗し、ほかに中山東宮侍従長や足立東宮亮、侍従、侍従侍医らが従った。われわれと同じ御成街道を上野公園に向かってまっすぐに走り、いたるところで大歓声に迎えられ、万歳三唱がやまなかった。

「皇太子殿下万歳万々歳と呼ぶ其の声、宇宙を震動して、天も万歳を呼び地も万歳を呼び、風も万歳を呼び雲も万歳を呼び、禽獣も万歳を呼び草木も万歳を呼び、国旗も万歳を呼び烟火も万歳を呼ぶ、万歳声中に御馬車は玄武門を過ぎて、しづくと公園内に入らせ給ふ」という、『日本附録』（一二月一〇日）の報道はいくら何でも大袈裟である。

興奮の渦中に、ひとりの老人がいた。感極まって、みるみる涙が溢れて嗚咽を抑えることができなくなった。鼻水が隣の人にかかり、そこではっと驚いた老人は平身低頭するものの、隣人曰く「謝する莫れ〳〵」と答えたという「ちょっといい話」を、同じ『日本附録』が伝えている。

「剣客野試合」（『東京市祝捷大会』）

皇太子は川上演劇を楽しんだあと、やはり公式記録によれば、一一時一〇分に式場に入った。式はすでに一〇時から始まっていた。三浦安東京市長が皇太子を馬見所楼上の便殿へと案内した。式は一時中断し、会場が万歳三唱のどよめきに包まれたことはいうまでもない。この間、烟火や風船が絶えず揚がり、風船の中からは、またしても弁髪を長く延ばしたつくりものの首がつぎつぎと飛び出し、不忍池の上を風に吹かれて飛んでいった。

しかし、皇太子は早くも正午には博物館に戻り、昼食を取ったあと、再び博物館前庭で演じられた芸者と幇間による鷹と烏の手踊りを見た。その後は、摺鉢山まで徒歩で移動し、そこから野試合を見物することになっていた。

ところが、群衆に遮られて、肝心の武者たちがなかなか近寄って来ることができない。業を煮やした岩谷松平が、山上に立つと、手にした国旗を降りながら「撃剣隊！」と大声で叫び始めた。これが遠目には「万歳三唱」に見えて、またしても公園に万歳が轟きわたることになった。

岩谷は、この日一番目立つ男だった。東京一の目立ちたがり屋だから当然といえば当然、すでに紹介したとおり、真っ赤な帽子をかぶり、「緋羅紗の上着に藤紫紋縮緬のズボン、口に葉巻煙草」という出で立ちである（『郵便報知新聞』一二月一〇日）。この時の行動がつぎのように指弾された。「岩谷松平氏の如きは、皇太子殿下の摺鉢山に登覧遊ばされたる時、彼の奇異の服装を為したる儘殆んど御前近く迄進み出で御目通りを汚し奉りたる」（『二六新報』一二月一三日）。しかし、岩谷にとってはカエルの面にションベンであっただろう。

ちなみに、岩谷愛用の真っ赤な服は子孫に伝えられ、こちらに来る前に、東京渋谷のたばこと塩の博物館で開かれた「広告の親玉　赤天狗参上！　明治のたばこ王岩谷松平」展（平成一八年）で見たことがある。

皇太子にとっては、岩谷のような人間を間近に目にしたこともふくめて、気晴らしの一日であったに違いない。なぜなら、学業についていけずに、この夏学習院を中退したばかり、それ以来東宮御所御学問所でのマンツーマンの授業の日々が続いていたからだ。皇太子になって五年目、まだ一五歳の少年である。博物館に戻って休憩を取ると、午後三時ごろに、およそ一〇輌の馬車を列ねて退屈な御所へと帰って行った。

貞　奴

今年、川上音二郎は貞奴と結婚している。いや、貞奴はまだ葭町の芸者「奴」であり、本名の貞と合わせた芸名「貞奴」を名乗るのは、渡米して自らも舞台に立つ明治三二年、すなわち五年後を待たねばならない。

ふたりが出会ったのは三年半ほど前である。明治二四年六月、川上一座は東京に進出、浅草鳥越の中村座で「板垣君遭難実記」、「監獄写真鏡」、「存廃花柳噂」を上演し、大評判となった。貞もこの舞台を見て、たちまち川上の魅力に取り付かれた。入れあげて、着物羽織や九枚笹の川上家定紋入りの人力車まで贈ったという（山口玲子『女優貞奴』朝日文庫）。

中村座での公演は秋まで続いた。第三回公演となる「佐賀暴動記」は、九月二二日に始まり、一〇月一八日に千秋楽を迎えた。一〇月四日に土方久元宮内大臣が、翌日には伊藤博文と有栖川宮熾仁親王が足を運んでいる。その日の晩かは定かでないが、井上精三『川上音二郎の生涯』（葦書房）によれば、伊藤は浜町の料亭大常盤に川上を招いた。この席に奴が芸者として侍っており、以後ふたりは急接近、大倉喜八郎の向島の別荘で逢瀬を重ねたという。この時、川上は二七歳、貞は二〇歳である。

翌々年の正月に、すなわち昨年の正月に、川上が行方をくらますという出来事が起こる。興行も座員もほったらかしての突然の渡仏で、『都新聞』（明治二六年一月七日）は「新橋の頓子と葭町の奴がオヤマアと呆れた」と書いたが、実は、貞は神戸まで見送り、留守中、ころがり込んだ座員と川上の弟妹の面倒を見ていた。貞は川上に「身代残らず献上」し、結婚を心待ちにした（『女優貞奴』）。

ふたりの仲人を務めたのが貴族院議員金子堅太郎である。福岡出身の金子は川上と同郷、伊藤博文の腹心であった。金子は川上に目をかけ、あるいは川上がすり寄ったのか、明治二五年の五月、すなわちおとどしの五月、東京慈恵病院を皇后が訪れた際に、金子の案内で川上一座の「平野次郎」台覧を実現させている。

本日の東京市祝捷大会には、伊藤博文も金子堅太郎も来賓として招かれており、おそらくは金子が、皇后台覧に続いて皇太子台覧を演出したに違いない。その後も、彼ら貴顕と役者川上音二郎がなぜ密な関係を持ち得たのか。一見、川上と貞の間を伊藤がつないだかに思われるが、貞を水揚げして芸者奴としたのはほかならぬ伊藤であり、一六歳からの三年ほど、貞は伊藤の庇護下にあった。貞こそが鍵を握る人物である。

第一五章　畏み畏み申す

皇太子のあとについて、といっても、向こうは馬車で、こちらは徒歩での移動だが、博物館の前から竹の台を抜けて、東照宮の脇の石段を不忍池に向かって下りて行った。きのうもこのあたりをぶらついたが、きのうとは打って変わって、いたるところ人人人である。

お歴々の挨拶

その時、ぽんと肩を叩く男がいた。なんだと振り返ったら、電報だという。またまた京都のミネルヴァ書房からだった。前回と違って、今度は下種な勘繰りではなかった。貞奴の話をもう少し聴きたいという読者の声だった。

ちょっと待ってくれよ、んしんちゃんと言ったら、平成の親父ギャグだが、何しろ今は明治二七年の東京である。そんなギャグは通用しないし、すでに一〇時から、主催者が単に「儀式」と呼ぶ式典が始まっている。貞奴の話はもう少し待ってくれ。

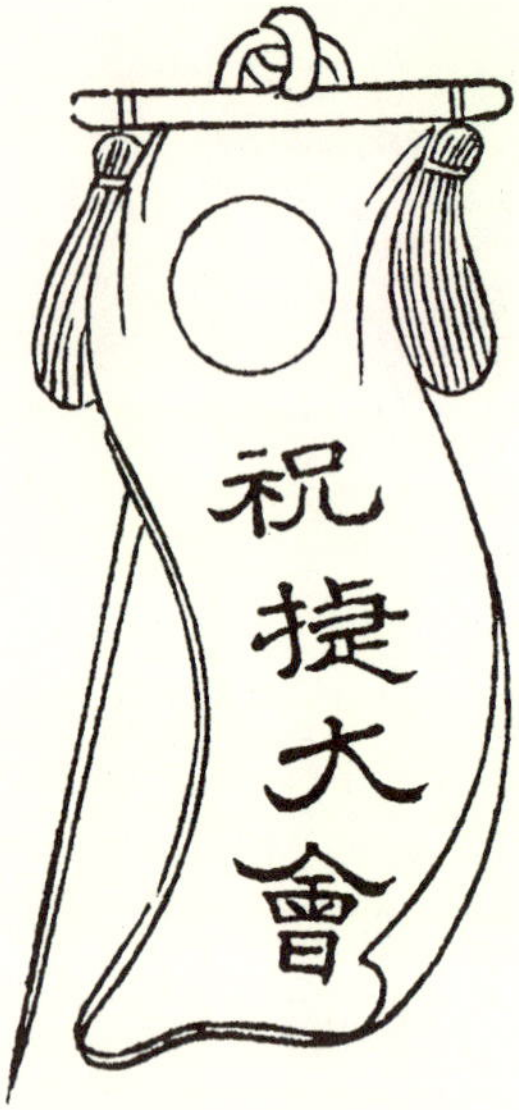

会章（『東京市祝捷大会』）

本日の会員心得をしっかりと予習してきたから、こちらに来る直前にYahoo!オークションで手に入れた会券を受付で会章と交換し、それを胸につけて入場した。風をはらんだ幟のデザインで、日の丸の下に「祝捷大会」という文字が縦に記してある。縦三センチ余、幅一・五センチほどの銀色アンチモニー製である。

併せて、昼餐券も受け取った。「此昼餐券引換ニテ酒餐一人分ヲ供ス」と記してあるから、酒ももらえるんだ。しかし、式場となった馬見所の前に進もうとするも立錐の余地なく、容易には近づけない。人々の頭越しに、遠くから見守るしかなかった。

二発の号砲を合図に始まった儀式は、奏楽、両陛下御写真拝礼、奏楽、発起人総代による大会発起趣意書朗読、東京市長や市会議長らによる祝文朗読、奏楽、戦捷祝祭執行、奏楽、万歳三唱、奏楽、閉会と続くはずだが、予定より進行がいくらか遅れているらしい。皇太子入場で一時中断したものの、皇太子が馬見所楼上の金屏風を廻らせた御座に姿を現すと、発起人総代横浜正金銀行頭取園田孝吉の発起趣意書朗読で再開した。

「式場」（『東京市祝捷大会』）

薩摩藩士の子に生まれた園田は、大学南校に学んだあとは外務省に出仕し、外交官としてイギリス生活が長かった。四年前に、同郷の先輩松方正義の勧めで実業界に転じたばかりだった。薩摩訛りの混じる朗読は、イギリスで鍛えた演説調で歯切れがよかったが、時折風に飛ばされ、全部は聞き取れなかった。趣意書は新聞各社にも発表され、明日かあさってには紙面に全文が載るに違いない。

つぎの三浦安東京市長（東京府知事が兼務）の祝文朗読も朗々たる調子で会場に響き渡った。三浦は紀州藩士として幕末に活躍、慶応三年のいろは丸沈没事件では、賠償金をめぐって坂本龍馬と渡り合った経験がある。昨年東京府知事に就いたばかりだが、二年後には疑獄事件を起こしてその地位を失うことになるだろう。

そのつぎの楠本正隆東京市会議長はいけなかった。声が小さく、何を話しているのかさっぱりわからない。ところが風采はよく、ずいぶんと人気者らしく、楠本にだけ「イヨ親玉」（『東京日日新聞』一二月一一日）、「イヨー市川団十郎」（『二六新報』同日）といった掛け声があちこちから上がった。楠本は大村藩士の子に生まれ、倒幕運動に従事し、御一新成るや明治政府に出仕した。明治一〇年に東京府知事となり、退任後は市会議員や衆議院議員を務めてきた。

それから、奥三郎兵衛東京商業会議所会頭、大江卓東京商工相談会総代、末広重恭東京新聞社総代らの祝文披露が滞りなく終わったところで、突然の飛び入りがあった。

外套を左手に搔込み、高帽を右手に振りながら壇上に上がった老人は、こんなふうに語り始めた。

「諸君、私しは御存じの銀座の岸田吟香です。長い言は申しませぬ。今度は支那が負まして誠に御目出たう五在ります、負けましては、御目出たうく……、明けましては御目出たう」（『東京日日新聞』同日）。同紙記者は、「地口にも聞えて重い口より軽く言ひ出されたるところの大出来く」と、明治二七年の親父ギャグをそれなりに評価している。銀座を歩いた時にも話題にしたが、あの岸田劉生の親父である。

奏楽　吟香が引っ込むと、三たび奏楽が入る。主催者は陸軍戸山学校に軍楽隊の派遣を依頼していた。それが叶って、式場の傍らには、軍楽長以下三四人の楽隊が陣取り、さっきからしきりと勇ましい曲を奏でている。残念ながら音を伝えられないため、せめて、吹奏された曲目だけでも書き出しておこう。

一　軍神　行進曲
二　命を捨てて　吹奏及軍歌　戦死者弔慰
三　初冬
四　梅の春
五　松尽し
六　本邦俗楽篇（当てもの）
七　御門　舞踏ノ曲
八　東京人　行進曲
九　勧進帳

一〇　軍用鞄
一一　安宅
一二　天神記（義太夫）
一三　軍用鞄
一四　夕景色　　　　欧州楽
一五　攻撃大捷の行進

（土田政次郎『東京市祝捷大会』秀英舎、明治二八年）

このうち「命を捨てて」は、戦死者を讃えて、ずいぶんと前から歌われてきた軍歌である。河合源蔵『軍歌』（有則軒、明治一九年）には「一般葬礼ノ時ニ用ユ」との註釈がある。歌詞はつぎのとおり。

「命を捨て大丈夫か、たてし功績は天地の、在るへき限り語りつき、いひつきゆかむ後の世に、絶せすつきじ万世も」

しかし、ただ今、私の目の前で挙行されている儀式はあくまでも戦勝の祝祭であり、戦死者の慰霊祭でも追悼式でもない。先の園田孝吉による発起趣意書朗読は、「戦死者」にはひと言

「浄土宗大教会於上野公園執行」（『東京市祝捷大会』）

もふれなかったようだ（聞き取れない部分もあったが）。

実は、戦死者のための法会は、東京市祝捷大会とはまったく別個に、同じ上野公園の東照宮前で、浄土宗東京大教会野上運海の発起によって営まれることになっている。

奏楽の中でほかに気になるものは、一〇番と一三番に二度も奏でられる「軍用鞄」だが、ここ一〇年来ごまんと出版された軍歌集を、向こうにいるころに国立国会図書館でずいぶんしつこく調べたが、見つけ出すことができなかった。なんだか悲しい曲のような気がしていた。というのは、曲名を見ただけで、今から七年後に名古屋栄の目抜き通りに建てられる第一軍戦死者記念碑が浮かんだからだ。そこには、戦死者たちが地上に残していった銃や双眼鏡、飯盒やラッパとともに、軍用鞄も浮彫彫刻になっている。この曲についてご存じの読者があればぜひご一報いただきたい。ミネルヴァ書房経由で、いとも簡単に電報が届くから。

祝祭

そうこうするうちに、戦捷祝祭が始まった。馬見所正面を四本の竹で区切り、その中央に榊を立て、幣帛を飾った祭壇が設えてある。両脇の太い柱からは、「発輝皇威」「宣揚国光」と大きく墨書した旗が吊られ、風に揺れている。

前に進み出た神官は靖国神社の宮司賀茂水穂である。国学者賀茂真淵の末裔である水穂は遠江国浜名郡の生まれ、幕末には遠州報国隊を組織して官軍に加わった。海軍省を経て、三年前に第二代宮司となった。

私とは同郷だから、前から一度会いたいと思っていた。日清戦争を迎えて、靖国神社の戦争ミュージアム、すなわち遊就館をこれからどう運営してゆくのかについて聞いてみたいのだ。

斎主賀茂水穂以下、一〇数名の神官一同が床にひれ伏して、「皇祖天神」をはじめ、「御代御代乃天皇」および「天社国社乃大神」たちの御霊をつぎつぎと祭場に降臨させることが始まった。神饌を献じ、ついで幣を奉じると、賀茂はおもむろに祭文を読み始めた。

天皇が清国を懲らしめようと戦を起こしたところ、まだ五月に満たぬのに、海に陸に勝利を重ねております。これは「天皇乃高伎御稜威刀軍人等乃大伎労」によるものではありますが、「大神等乃広伎厚伎恩頼」がなければこうはいきませんでした。道はまだ遠く、心怠るわけにはまいりません。天津、北京をも攻め破り、清国のことごとくを服従させるまで努めます。まずはここに東京の心あるひとびと集い、第一回の祝賀を為し、神々を前にこれまでの御恩を謝し、これからの御幸を乞い祈ります。というようなことを、畏み畏み申したと思うのだ。というのは、言葉が難解で、よく聞き取れなかったから。

しかし、その後玉串を捧げ、祭壇から神饌を撤すると、なるほど神々は満足して再び天に向かって昇って行ったような気がした。それを見送るように、奏楽が流れ始めた。

最後はまた、明治の東京を生きるこちらのひとたちが大好きな万歳である。御丁寧にも五回の万歳が式次第に組み込んであり、これがなければ儀式は終わらない。平成のみなさんも、そちらでいっしょに御唱和ください。

天皇陛下、万歳、万歳、万歳
皇后陛下、万歳
皇太子殿下、万歳
帝国陸海軍、万歳

帝国、万歳、万歳、万歳

すべての発声を三浦安東京市長が執ったため、かわいそうに、最後には声が枯れてしまった。再び号砲二発、儀式は無事に終了かと思ったとたん、馬見所の裏手、ふだんは競争馬をつなぐあたりに向かって、人波がどっと押し寄せた。そこには、京橋区竹川町の花月楼ほか一三の料理屋が店を構え、折詰めの仕出しとガラス瓶に詰めた酒を用意していたからだ。昼餐券はすでに懐にあるし、およそ二万食が用意されていると聞いた。焦ることはない。もうしばらく、馬見所なるものを見物することにしよう。

第一六章　馬見所雑考

儀式が終わると、弁当を求める人の波が馬見所裏手へと寄せて行った。そこには料理屋の出店が立ち並んでいたからだ。すると、さあっと潮が引いたようになって、今まで立っていたところが、競争馬の駆け抜ける馬場だとわかった。

幅二〇メートルはありそうだ。馬見所（スタンド）は、さらに三〇メートルほど奥まったところにある。不忍池を周回する競馬を眺めるスタイルだから、湯島方面まで見渡せるようにと、二階はテラスが池に向かって張り出している。階下に階段状の上席観覧席があり、階上には檜皮葺の建物が三棟並んで建つ。こちらは貴賓席で、食堂も付属している。真ん中のひときわ大きな建物の唐破風のすぐ下には、儀式の冒頭で、参列者一同が拝礼した御真影が掛かっていた。

御真影

東京府に下賜されていた御真影をここに飾るだけでも、主催者は宮内省の許可を取らねばならなかった。向かって右が天皇、左が皇后である。明治天皇は根っからの写真嫌いだったという。最初の御真影は明治六年に内田九一によって撮影された肖像写真で、それが公式写真として軍隊や役所や学校に下賜され、長く使われてきたが、さすがに二〇歳の写真をいつまでも本人だと言い張るわけにはいかない。明治二一年になって、今度はイタリア人画家キヨッソーネがコンテ画で肖像を仕上げ、それを丸木利陽が複写した写真が御真影として出回ることになる。今から六年前のことである。

天皇は三六歳になっていた。そのころは翌明治二二年の大日本帝国憲法発布に合わせて、国家の体裁をとることが各所で急がれ、天皇の肖像も帝国に君臨する帝王にふさわしい威厳あるものが求められた。そのためには、画家による画像の修正も必要だった。すなわち、遠目には写真に見えても、ここに掛かっている御真影は肖像写真ではない。肖像画の複写写真なのである。

皇后は背筋を伸ばし、凛として美しい。天皇を支えて国母という雰囲気を漂わせるが、先ほどまで御真影の下に座っていた皇太子の母ではなかった。実母は権典侍の柳原愛子である。しかし、一五歳の皇太子はまだそのことを知らされていない（古川隆久『大正天皇』吉川弘文館）。

天皇皇后像ばかりでなく、天皇を中心に、左に皇后を、右に柳原愛子を配し、さらに皇太子を加えた石版画が何種類も出回ったことを、今からずっと未来に横浜で開かれる展覧会（「王家の肖像――明治皇室アルバムの始まり」展、神奈川県立歴史博物館、平成一三年）で教えられた。せっかく明治の東京にやって来たのだから、そんなものを土産に買って帰りたいものだ。

共同競馬会社　明治一二年に設立された共同競馬会社（Union Race Club）が、競馬場を戸山から上野に移したのは、明治一七年一一月のことだった。このために不忍池の北側が埋め立てられ、一周およそ一五〇〇メートルの馬場が整備された。馬が走り易いように、不忍池はその姿を変えたことになる。

一日から三日まで開かれた開業式の初日に、明治天皇が臨席した。第一レースには日本馬一七頭が出場し、ヒウーゴ氏の持馬ムーン、乗手ロクストンが優勝、開場式賞杯と賞金七〇〇円を獲得した（『朝野新聞』明治一七年一一月二日）。女官たちとともに馬見所より観戦する天皇の姿を描いた錦絵が残っている。

共同競馬会社の社長は小松宮彰仁親王、副社長は元長州藩主毛利元徳と元佐賀藩主鍋島直大、幹事には伊藤博文、西郷従道、川村純義、松方正義といった面々が名を連ねており、会員六百人を超える当時有数の社交クラブであったことは、立川健治『文明開化に馬券は舞う　日本競馬の誕生』（世織書房）をじっくり読んで予習をしてきた。イギリスやフランスのような文明国を目指すのであれば、上流階級の社交の場として、どうしても競馬場を必要としたのだ。

馬見所は八月二〇日に上棟式を迎え、九月一五日の台風で大きな被害を受けたものの、なんとか一〇月下旬には竣工した。当初は洋風・和風両案が検討され、和風と決まったあとは、古代建築に詳しい文部省の官吏立川某に設計が委ねられた。障子に嵌め込んだガラス以外は、外国製品を一切使わなかった（『郵便報知新聞』七月八日）。大工棟梁を若杉喜三郎が務めた。用いた材木は節のない檜で、宮内省から皇居造営の用材が提供されたという（『朝野新聞』八月二一日）。ちなみに九月の台風とは、第一〇章で話題にしたとおり、神田祭の山車を軒並み叩き潰したあの大嵐である。

それから五年、すなわち明治二二年の夏に、やはりこの馬見所を会場に、東京開市三百年祭が開かれたことがある。お上の顔色を伺って「東京」だなんて掲げてはいるが、実は「江戸」の開府を祝った懐旧の念色濃い催しであったことは、開催日が旧暦の八月一日、いわゆる八朔に合わせたことで明らかだ。この日に徳川家康が小田原から江戸城に入ったということで、旧幕時代には、毎年諸侯を集めて城内で盛大な祭りが行われた。

主催者（委員長は最後まで官軍に抵抗した榎本武揚）は馬見所を江戸城の御殿に見立てることにした。三つの建物すべてに、長押と釘隠しを取り付け、松の絵を描いた壁紙を貼り、高麗縁の莚を敷き詰めた。さらに中央の建物の別間を上段の間として床を設け、大きな三宝台の上に、餅、熨斗蚫、稲穂、枝栗を飾り立てて、江戸の昔を懐かしんだ（大槻修二編『東京開市三百年祭記事』同発行、明治二三年）。

こんなふうに、馬見所は東京の公共ホールのように使われてきたが、実は経営難に陥って、共同競馬会社はすでに明治二五年に解散している。間もなくこの馬見所も取り壊される運命にある。人混みにまぎれて楼上に上がり、眼下に広がる不忍池を見ながら、馬場を馬が疾走する光景を思い浮かべた。

母衣引

母衣《ほろ》引という馬術がある。母衣は戦場で敵の矢を防ぐ武具なのだが、武具とはいえ、その優しい名にふさわしく、長くて柔らかい布にすぎない。それを騎馬武者が背中に付けて疾走すると、布は風をはらんでふくらみ、たなびいて、矢を防ぐ。泰平の世を迎えるにつれて様式化し、見せる武芸と化した。

東京開市三百年祭を伝える明治二二年八月二八日の『毎日新聞』にこんな光景が報じられているので、引用しておこう。

「一個の老人一條の幌を風に孕ませ徐々と乗出だせり、誰ならんと諦視すれば、此道の達人草苅庄五郎氏にて、程なく幌を引き初めしに、風の強かりしにも拘はらず、凡そ十三間計りのものを地にも附けず高くも揚げず、平らに波打たせつ引きて、二度ほど廻りしは実に勇まし

岡田如竹「貞奴母衣引の図」（成田山貞照寺蔵）
（『川上音二郎・貞奴展』図録）

くも見事なることなりし」

草苅の名人芸が目の前の馬場に浮かんでくるようだ。さてそろそろ、約束どおり貞奴の話をしなければならない。まだ貞奴を名乗る前、葭町芸者の奴が乗馬好きであったことは、長谷川時雨が『新編 近代美人伝』（岩波文庫）の中に書いている。時雨にいわせれば、「奴は芸妓時代から変りものであった。その時分ハイカラという新熟語はなかったが、それに当てはめられる、生粋なハイカラであった」。

むろん、奴は芸妓ゆえに貴顕紳士との交際があり、彼らを通じて乗馬にも親しんだに違いない。奴を水揚げした伊藤博文は共同競馬会社の幹事であったし、自ら馬主にもなった。

しかし、まさか、奴が母衣引にまでチャレンジしたとは思わなかった。なんと、奴に馬術を教えた師匠は草苅庄五郎である。明治二四年に上野競馬場で開催された母衣引に奴は出場、母衣を地面にすらなかったものの、地畔の柳に引っかけ落馬してしまった。気を失った奴が意識

向ケ岡遠望（馬の博物館蔵）

を取り戻すと、駆け寄った観客の中に五年前に別れた恋人福澤桃介の姿があったという話を、山口玲子『女優貞奴』（朝日文庫）が書いている。

五年前の桃介との出会いも、成田山まで乗馬で遠出した帰りに野犬の群に襲われたところを救ってくれたのがきっかけだった。そのころ、桃介は岩崎を名乗り、慶応義塾の学生だったが、やがて福澤諭吉の目に適い、アメリカへの留学を命じられ、帰朝後は諭吉の二女、房と結婚する約束をさせられた。奴は桃介との別れを余儀なくされた。

向ケ岡　馬見所から不忍池に向かって右手を見渡すと、丘の上に帝国大学の立派な建物が聳えたっている。ひときわ目立つ建物が理科大学本館、フランス留学の経験を持つ文部省建築課長山口半六の設計に成る。六年前に竣工したばかりだ。その右奥に、ほぼ同時に竣工した辰野金吾設計の工科大学本館が姿を現している。

フランスに学んだ山口とイギリス仕込みの辰野とでは、同じ煉瓦造とはいえ、ルネサンス式に対するゴシック式と作風が好対照である。辰野がコンドルに就いて工部大学校で学び始めた明治一〇年には、すでに山口は文部省の留学生としてフランスに渡り、国立パリ中央工芸学校に学んでいる。辰野の工科大学本館は窓が多過ぎて、デザインにいささか難がある。山口に一日の長があり、軍配は山口に挙げざるをえない。

さらに右手奥には、三カ月前に第一高等中学校から第一高等学校と名前を変えたばかりの一高があるはずだ。なるほど、彼らの寮歌「嗚呼玉杯に」で「栄華の巷低く見る、向ケ岡にそそりたつ」(「嗚呼玉杯に」)とはよく言ったものだ。上野から見た時に向こう側に広がる風景が「向ケ岡」であり、向こう側から彼ら一高生が見下ろす、いや見下す風景が「栄華の巷」にほかならない。

「向ケ岡」のすぐ下には、根津遊郭があった。上野競馬場の開業式には、この遊郭の芸妓たちが馬見所の正面で手踊りを演じたが、その後遊郭は廃止され、深川洲崎の地へと移って行った。一高生や帝大生に悪影響を及ぼすというのが、根津から遊郭の追われた理由であった。きょうは洲崎遊郭でも、大門に「陸海軍万歳帝国万々歳」と大書した聯を飾り立てた。そこから四方に吊るした幾多の紅燈に惹かれて、平素の二倍、二八〇〇〇人の遊客が足を運んだという（『都新聞』明治二七年一二月一一日）。

こうして馬見所から見渡せば、目に入るものは、帝国大学、競馬場、公園、帝国博物館、動物園、帝国図書館、東京美術学校などいずれも文明開化が生み出したものばかりである。当時の東京で、上野は文化の香り豊かな土地であった。そこに魅せられて選んだのだろうか、池之端に、コンドルの設計で岩崎久弥の大邸宅がやがて姿を現そうとしている。

第一七章　放尿泉の如し

　これは後日談であるが、東京市祝捷大会が無事に終わって一〇日目のこと、三浦安委員長以下二一人の専務委員が浜町の常盤屋に集まり、慰労会を開いた。席上、委員長の挨拶に続いて立ち上がり、ひとしきり大会の成功を讃え、関係者の労を慰めたのが横浜正金銀行頭取の園田孝吉だった。

主催者反省の弁

　その挨拶、というよりは演説の中で、弁当の配布と便所の設備が不十分であったと新聞各紙に指摘されたことにふれている。「吾々ハ其不行届ヲ謝スル」という言葉があったから、一応反省の弁ではあるが、それは大会が予想を超えて盛会だったためであり、むしろそのことを喜ぶべきであると開き直った。数十万人の大衆が押し掛けたのに、わずか二万の弁当を用意したところでどだい無理に決まっているというわけだ。

　なるほど、『読売新聞』（明治二七年一二月一二日）は「第一祝捷大会の弁当場に紳士突貫並に弁当分捕の図」と題した二枚の挿絵まで入れている。弁当の「分捕」に成功した男たちが地べたで輪になっているそのすぐ傍らで、ひとりの男が立ち小便をしているのは、この日の象徴的な光景だったのだろう。

「第一祝捷大会の弁当場に紳士突貫並に弁当分捕の図」
（『読売新聞』明治27年12月12日）

さて、園田孝吉のこんな挨拶まで収録した公式記録書『東京市祝捷大会』によれば、当日に配布した弁当は一万八千九九六食である。事前に参加費を徴収して昼餐券を渡していた者が一万八千四四人であったから、二万食の用意で問題はなかった。

しかし、昼餐券のつかない会券所持者があと五千一四九人いた。それに加えて会券を持たない一般見物人が竹矢来を押し倒して会場に押し寄せたことはすでに述べたとおりである。園田のいう「数十

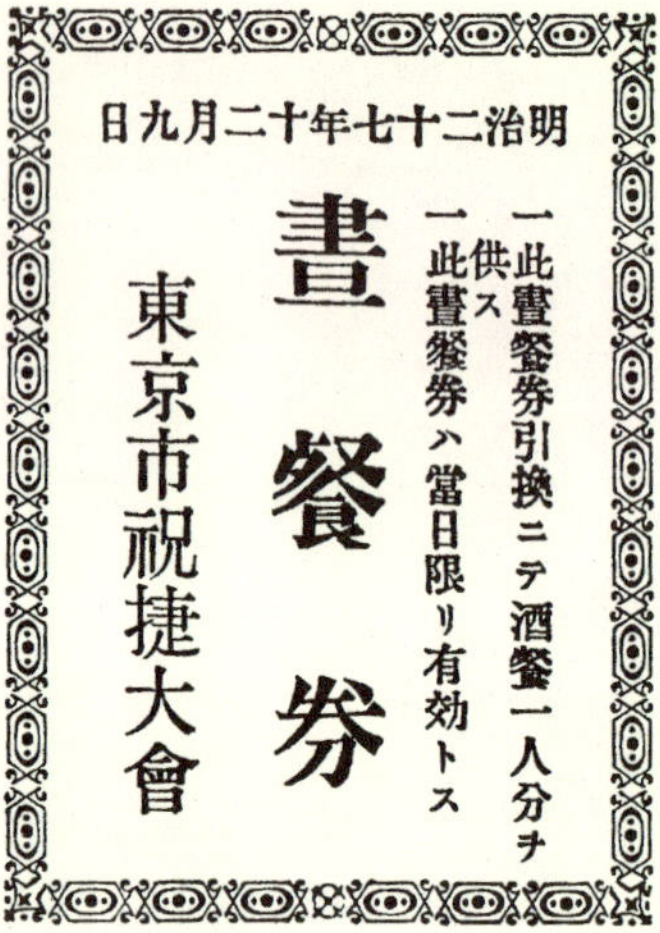
明治二十七年十二月九日

晝餐券

一此晝餐券引換ニテ酒餐一人分ヲ供ス

一此晝餐券ハ當日限リ有効トス

東京市祝捷大會

昼餐券（『東京市祝捷大会』）

万人」は大袈裟にせよ、確かに二万人をはるかに超えるひとびとが上野公園に集まった。

さらに細かいことをいえば、私がこちらに来る前にYahoo!オークションで手に入れた会券と同じものを持った人物が、この会場のどこかにいるはずである。おそらくそれは使われ、会章・昼餐券と引き換えに受付の木箱か籠の中に放り込まれ、後日、主催者によって整理されたあと、それが流れ流れて百余年、平成の日本のネットオークションに登場したことになる。

同一の物体が同一の時空間に存在してよいのだろうか、という疑問はさて置き、この昼餐券で弁当を手に入れられるかが当面の問題である。朝早く、馬喰町の宿屋で朝飯を掻き込んだだけだから、さすがに腹ぺこだ。

岡田屋女主の負けず嫌い

馬見所を下りて、裏手に回ったところ、ふだんは出走馬を繋ぐあたりに、一三軒の出店が旗を翻して並んでいた。しかし、たいへんな混雑で、なかなか近寄って行けない。順番を待ちながら屋号をメモした。

京橋区竹川町　花月楼
京橋区南鍋町　伊勢勘
江東　中村楼
日本橋区檜物町　倉田屋
上野池ノ端　松源楼
上野公園　桜雲台
京橋区尾張町　松本楼
小石川区竹早町　いろは
京橋区銀座一丁目　松田楼
日本橋区魚河岸　辨松
下谷区西黒門町　伊予紋
深川区寺町　伊勢平
日本橋区浜町　岡田屋

花月楼や辨松といった評判高い料理屋の弁当を求めて、まさに先の新聞挿絵どおりの様相を呈している（『都新聞』一二月一一日）。

「施行ではない、銭を出して居る」、「詐欺」、「山師」、はなはだしきは「泥棒」という罵声が飛び交い、怒って昼餐券を捨てて帰る人もいれば、踏み倒されて新調の衣服を裂かれた人もいる。他人の弁当を横取りしようとして叱り飛ばされている紳士もいるというぐあいに、出店前は阿鼻叫喚の戦場と化していた（『日本附録』一二月一〇日）。

一方の料理屋からすれば、「暖簾名弘」の好機であり、店員が声を張り上げ、まるで年の市に客を引く趣きである（『時事新報』一二月一一日）。いろはは、昨晩ひとりで牛鍋を食べたあの店の別の店舗だし（主の木村荘平は妾ひとりひとりに店を持たせた）、松田楼は今朝その店先を通って、「松田の便所はイ、臭い」の「イ、臭い」を嗅ごうとしたあの店である。

こうした名店に、拍子から待合、待合から料理店と成り上がった浜町の岡田屋が加わっていた。主催者より三千人分の注文を受けた女主は負けず嫌いで知られる。これを名誉と受け止め、また老舗と肩を並べる絶好の機会とも考え、商売度外視で上等の弁当をこしらえ、それを一〇輌の大八車に積むと、五色の幕を打ち、「大日本帝国万歳」と書いた旗を二旒押し立て、勇ましく会場に運び込んだ。店では女主を先頭に七、八人の女中が白縮緬の襷がけで弁当を配り、景気をつけていた（『都新聞』一二月一一日）。

その意気に感じて、岡田屋から弁当をもらった。折詰といっしょにガラス瓶に入った正宗が一本手渡された。屋外で飲むことを考慮して、予めコルク栓に紐が通してある。これを引くだけで、栓を抜くことができた。瓶には「祝捷大会」と記したラベルが貼りつけてある。酒は京橋区五郎兵衛町の芝田幸三郎が一手に準備をし、一三軒の料理屋に配送した。

さらに特注の酒盃もついている。直径四センチほどの陶器で、同じく「祝捷大会」の文字のほかに交叉する日の丸が金泥で描かれている。

しかし、このように入手困難であった弁当も、一昨夜に炊いた飯ゆえにうまくなく、多くは捨てられて残飯と化し、大会終了後に闇に紛れて会場に進入した「乞食軍」の奪い合いの原因となった。前掲『日本附録』が「飢餓道の様恐ろしともあはれなり」と報じている。

おのれ憎き蘭丸が振舞い

昼を過ぎると、酔っぱらいが目につくようになった。儀式は終わり、あとは公園内で催される余興を好き勝手に見て回ればよいからだ。

前方より酔漢あり、一歩は一歩より高く、一歩は一歩より低く、石につまずいて倒れそうになりながら、ようやく踏みとどまって、突然「万歳」を叫んだ。「万歳」を口にする前までの様子は、我が身を見るようで笑えない。

傍らにまた別の一紳士あり、酔歩蹌々、誤って不忍池に転落、助けを呼ぶかと思ったら、大声にて「池中の君子爰にあり」と叫んで、また「万歳」が始まる（『日本附録』一二月一〇日）。

きょう一日で、不忍池、あるいは濠や溝に転落した者が五〇人を超えたと『都新聞』（一二月一〇日）が報じている。おそらく、その中でもっとも不運な男は、明治の安田作兵衛だろう。本物の安田作兵衛は明智光秀三羽烏のひとり、本能寺で森蘭丸に槍で突かれつつ織田信長を討ち取ったことで知られる。こちらの作兵衛は、群衆に押されて濠に転落、立ち上がろうとするところに、男がひとり駆け寄り、前をまくって放尿、おのれ憎き蘭丸が振舞いと立ち上がり、立ション男を打たんとする刹那、傍らの男が「きょうは怒る日じゃない」と制すると、寛大なる作兵衛は尿に濡れた帽子を打振り、またしても「帝国万歳！帝国万歳！」。『郵便報知新聞』（一二月一二日）が伝えるこの話、ほんとかね。

本当ならば、「万歳」はあらゆる憎しみを瞬時にかき消す魔法の呪文である。いや、憎しみを日本の外へと向け、国民をひとつにした点で、本当にそうだったかもしれない。

今度は、不思議な風体の男が現れた。身体中に空いた正宗の酒瓶をぶら下げ、鎧武者を気取っている。一本の空き瓶をラッパに見立て、というよりも法螺貝というべきか、プープーと吹きながら闊歩する様は周囲から喝采を浴び、「天晴れ強の者よ」という声が上がった（『日本附録』一二月一〇日）。これまたほんとかね。

まあ、いたるところを酔っ払いが闊歩するぐらいだから、飲んだ量も相当ならば、排泄する量も相当なものになるはずだ。便所が足りない。どう考えても足りない。

東台山上尿千里の惨状

十分な便所を用意しなかった主催者を指弾したのは『時事新報』（一二月一一日）であった。このために、常設の便所は混雑を極め、婦人たちの多くはやむを得ず途中で帰ってしまった。

主催者は、馬見所の脇に新たに便所を設けていたのだが、数万の尿意に応えるものではなかった。前掲『日本附録』が「放尿泉の如し」と題して伝える惨状は、ぜひ原文で味わっていただきたい。

「雲来霞集したる老若男女が一時に切て放すこととなれば、放尿潦々流れて泉を為せり、中にも便所の混雑最も甚しく、扉を擁して吾こそ先登せんと待構へゐる原田重吉あれば、中よりシツカと拒ぎて入れじと争ふ清兵もあり、其結果は竟に東台山上　尿千里の惨状を呈せしめたるなり」

さて、音と臭いと湯気がそちらにまで届いただろうか。数万の人間が一堂に会すれば、これは古今東西かならず直面する大問題である。勝海舟は、足尾銅山鉱毒事件に対する政府の姿勢を痛烈に批判して、「海へ小便したつて海の水は小便にはなるまい」という名言を残したが

「上野公園不忍池畔全景」(『東京市祝捷大会』)

(『氷川清話』)、泉の如きわれらの小便はいったん上野の山に吸い込まれたのち、地下水となって潜伏、不忍池をじわり小便池へと変えてしまいそうだ。

余談になるが、海舟の発言は旧幕時代の鉱山開発の在り方をたとえたもので、それは規模も小さく「手のさきでチヨイ〳〵やつて居たんだ」が、「今日は文明ださうだ。文明の大仕掛で山を掘りながら、その他の仕掛はこれに伴はぬ、それでは海で小便したとは違はうがね……わかつたかね……元が間違つてるんだ」と続く。鉱山開発を原子力発電に入れ替えれば、海舟のこの発言は、平成の日本を鋭く撃つ。

ちなみに、海舟は日清戦争そのものに反

対で、「おれは大反対だったよ。なぜかって、兄弟喧嘩だもの犬も喰はないヂやないか」と語り、当然、きょうのこの催しに顔など出してはいない。

第一八章　霊鷹記

皇太子は博物館で昼食を済ませたようだ。正面バルコニーに再びその姿が現れるのを待って、前庭では手踊りが始まった。午前中の川上演劇同様、これまた

祝勝聯隊踊

「有志寄付余興」である。

あれっ？　第一四章では、一五歳の少年皇太子は「博物館に戻って休憩を取ると、午後三時ごろに、およそ一〇輛の馬車を列ねて退屈な御所へと帰って行った」と書いてあるのに、いったいどうなっているんだ。だだをこねて、すぐにまた上野公園へ戻って来たのかいという皮肉が、遠い平成の日本から聞こえてきそうだが、堅苦しい話はなし。今は、明治二七年一二月九日の昼を回ったあたりを行きつ戻りつしているのだから。

さて、現れ出た行列の先頭にはふたりの鷹匠が立ち、いずれも片腕に鷹を止まらせている。続いて、揃いの衣装に身を包んだ踊り手が囃子台を曳きながら入ってきた。それが二手に分か

「霊鷹と烏の手躍」(『戦国写真画報附録　東京市祝捷大会』)

れた。海軍と陸軍という設定である。

海軍の踊り手は、木綿金巾に鷹の絵を染め出した上着、同じ模様のたっつけ袴を穿き、一方の陸軍の踊り手は、烏に霞の模様の上着、紅の霞のたっつけ袴である。たっつけ袴とは、大相撲の呼び出しが穿くそれだと思ってくだされぱよい。

奇妙なことにそんな衣装で、頭には海軍・陸軍の帽子をかぶり、前者は鷹を、後者は烏を止まらせている。つくりものだから、どんなに動いても飛び立たない。

踊り手を、それぞれ鷹と烏に見立てた踊りということなのだろう。鷹は黄海海戦中に現れた「霊鷹」、烏は第二軍の進軍中に現れた「瑞祥」、いずれもこの秋に盛んに報じられ、東京市民にはよく知られた鳥である。

そうそう、肝心なことを言い忘れていた。踊り手は全員男、職業幇間、すなわち太鼓持ちである。囃子方は清元の師匠たちが務めた。屋根に日の丸を描いたテントを張り、囃子方が座る周囲を銃剣が取り囲んだ囃子台は、日本橋区浜町二丁目一番地島田伝吉の寄付になる。『祝勝聯隊踊』と題された舞踊はこの日のために創作されたという（『東京市祝捷大会』および『戦国写真画報附録　東京市祝捷大会』）。

少し先の話だが、来年、日清戦争が終わって遠征軍が東京に凱旋するようになると、芝公園の名高い料亭紅葉館が「凱旋踊」を創作して、宴席で披露した。雑誌『風俗画報』（東陽堂）が臨時増刊として九月二五日から刊行を続けてきた『日清戦争図絵』（第五編からは『征清図絵』と改題）の最終巻を、「凱旋踊」の表紙絵が飾っている。紅葉館に画工を特派して実地目撃の上写生せしめたというから間違いない。

「踊のさまは能がかりにて、至極優美高尚にして勇壮の意を含み、亦喜ふに足るものあり、舞子（とめ、いの、つな）三女は錦繍燦爛たる装束を著け、中に胸に鏡を下けたるは征韓の時の尊き御姿に擬し、右は陸軍、左は海軍に擬せしなり、鳴物は三味線（なつ、まさの、しか）、太鼓（みき）、琴（かな）、笛（はる）、鼓（まさ）、（此踊の振付はよし女）の合間くに、大太鼓鐘にて賑に打囃しけるが故に、如何にも勇ましくきこゆるなり（福岡袖浦「凱旋踊」『征清図絵』第八編）。

帮間の踊りとは趣きがずいぶんと違っている。その海軍役の舞子の着物には、羽を広げた鷹が波の上に大きく描かれている。文中「征韓の時の尊き御姿」とは神功皇后を指す。おそらくは、鷹と朝鮮半島との関係にも目を向けなければならない。

高千穂の頂きに

黄海海戦は九月一七日に行われた。丁汝昌提督率いる清国艦隊一四隻（旗艦定遠）と伊東祐亨海軍中将率いる聯合艦隊一二隻（旗艦松島）がお互いの艦影を発見したのは正午少し前のことである。それから接近を開始し、次第に距離が詰まり、とうとう一二時五〇分に定遠が砲撃の口火を切った。

清国艦隊は定遠・鎮遠を中心に横一列に展開、一方の聯合艦隊は縦一列の陣容を立て、吉野、高千穂、秋津州、浪速の四艦から成る第一遊撃隊がまず敵の左方を目指した。そのあとに本隊の松島、千代田、厳島、橋立、比叡、扶桑が続き、後備として西京と赤城が従った。洋上が再び静まりかえったのはおよそ四時間後のことである。

終わってみれば、清国艦隊は致遠以下四隻が破壊沈没、定遠以下三隻が大火災を起こして大破、一方の聯合艦隊は一隻の沈没艦も出さなかった。こうして日本海軍は大勝利を収めたということになってはいるが、松島や扶桑も激しく被弾し、将校一〇人、下士卒六九人の戦死者を出している。

ちなみに、この海戦から生まれた軍歌が「勇敢なる水兵」（佐々木信綱作詞、奥好義作曲、明治二八年）で、その一節「まだ定遠は沈まずや」は、松島の三等水兵三浦虎次郎が絶命間際に副長向山慎吉少佐に尋ねた言葉として人口に膾炙した。

艦内の凄惨な様子は、歌ではなく絵で伝わっている。水雷長であった木村浩吉大尉が明治二九年に出版した『黄海海戦ニ於ケル松嶋艦内ノ状況』は、被弾し肉片と化した水兵たちの姿を生々しく描いた内田老鶴による木版画を多数掲載し、それゆえに発禁処分を受けた。

この間、一羽の鷹が高千穂のマストに舞い降り、砲撃戦を見守り続けた。砲声天地を震撼させても去ろうとせず、艦長野村貞海軍大佐がひとりの水兵をマストに登らせたところ、いとも簡単に捕らえることができた。鷹の飛来は祥瑞と受け止められ、艦内のネズミを与えられ、大切に飼育された。その後、聯合艦隊を訪れた慰問勅使侍従武官斎藤実海軍少佐の手で、鷹ははるばる広島へと運ばれ、天皇に献じられた。神武天皇東征時に飛来した金鵄と重ね合わせられたからだ（「戦捷と鷹」『日清戦争実記』明治二七年一〇月二九日号）。

『明治天皇紀』一〇月九日条によれば、鷹はこの日に天覧に供されたあと、やがて広島から東京に移され、新宿御苑動物園で飼育されることになる。

内閣書記官伊東巳代治が鷹を目にしたのは、広島大本営においてであった。伊東はさっそく

「霊鷹記」という一文を草して、鷹の飛来を讃えた。それはこんなふうに始まる。

古来、天皇が敵を討とうとすると、たびたび霊鳥が出現して勝利を伝える。このたびの海戦のあとに現れた鷹も、まさしく霊鳥にほかならない。金のような眼、玉のような爪、刀のような嘴、ひとたび怒って飛び立てば、満州・清国四百余州の鳥雀をたちまちのうちに殺してしまうだろう。

『日清戦争図絵』第４編 表紙

水兵が近寄ると、鷹は頭を垂れて、平然として動かず、まるで自から喜んで捕まったようだ。わざわざ天孫降臨の地高千穂の名を持つ艦を選んだのは偶然だろうか。そもそも鷹は仁徳天皇の時代に百済の王より献じられたものである。天皇が、神武天皇の「経邦の勇武」ばかりでなく、仁徳天皇の「懐遠の慈悲」をも併せ持って、隣国朝鮮の孤弱を救う大義を示すために遣わされたのだろうと述べている（伊東巳代治「霊鷹記」『風俗画報』明治二八年一月二〇日号）。

今からおよそ百年後のことになるが、平成八年に上梓した拙著『ハリボテの町』（朝日新聞社）において、伊東巳代治の問いかけを引き合いに出し、「私もまた、どうしてこれが偶然だろうかと思う」と張り合っている。

もっとも、私の疑問は、鷹は霊鷹などではなくただの鷹だろうという素朴なものではあったが、「仮に事実だとしても、その直後から鷹の聖化が行なわれ、瞬く間に鷹のイメージが普及した背景には、王朝や国家の創業時に鳥が現れて創業者の苦難を救うという蒙古諸族、ウラル諸族、トルコ諸族に広く伝わる伝説と共通する力が働いたはずだ。高千穂の鷹は神武天皇の金鵄に近似しているばかりでなく、日本神話を超えた場所へとつながっているのである。鷹が初めから大陸的な性格を有していたことを思い起こしたい」という方向に持論を展開した。

鷹に便乗

鷹を素手で捕まえた水兵は二等兵曹野元軍左衛門という。鷹を捕らえた瞬間の写真が残されていることも、よく出来た話だ。黄海海戦の最中、あるいはその直後のはずなのに。写真は小笠原長生『海戦日録』（春陽堂、明治二八年）に掲載されている。

これは東郷平八郎の伝記に関する批判だが、小笠原が、その著書や講演には「潤色度が過ぎ、往々誇大に失するものありて我国の歴史を誤まるものあるを憂ふる」（山路一善元海軍中将『有終』昭和一六年三月号）とまで責められるような信用し難い人物であることを、こちらに来る前に田中宏巳『東郷平八郎』（ちくま新書）で教えられた。

一一月七日の朝に、今度は二等兵曹八頭徳一郎という水兵が、同じ高千穂艦上で鷹を捕まえた。その時のことを書いた親戚宛ての手紙が公表されている。

八頭の話によれば、朝早く起き出し、艦の後部で沿岸の景色を眺めていたところ、一羽の鷹がマストに止まった。「小生はスワヤと思ひ、之を捕へんと、檣頭を登り試むるに、鷹は逃げんともせず、依つて容易く捕へ下りて、鷹よくと叫びしに、船中の将校兵士忽まち集り来り」、「察する処、本日も亦た何か吉報の有らん」と喜び合った。

艦長は「大事の鷹」だから大切に飼育せよと命じ、「吉瑞」ゆえに、後日、天覧に供し奉ろうと語った。艦長から八頭に金一〇円の賞金が渡された。むろん八頭は固辞するが、「祝意の為」と説得され、「其儘十円を携へて、酒保掛に面会し、酒一樽を取寄せ」、乗組員に振る舞った（「瑞鷹を捕へたる兵曹の書翰」『日清戦争実記』明治二八年一月八日号）。

この鷹はやはり広島に運ばれ、天皇に献上された。「有明」と名付けられた。翌年六月二日に死ぬまでどこで飼育されたかは明らかでないが、「高千穂」同様に新宿御苑動物園であっただろう。御用剝製人（おそらく宮内省出入りの）坂本福治が手掛けたその剝製は皇居で大切に保管され、平成七年になって山階鳥類研究所に譲られた。台座にその由緒が記されている。

そういえば、今朝、日比谷公園から上野公園に歩いてくる間にも、沿道でつくりものの鷹を何羽も目にした。呉服橋の袂にもいたし、黒門町の酒屋加島屋の店頭にもいた。加島屋は、酒樽を重ねて軍艦までつくっていた。資生堂石鹼の商標は鷹印である。今月、侍従武官斎藤実は彫刻家大熊氏廣に「霊鷹」の制作を指示し、年が明けると京都で始まる内国勧業博覧会には、疋田音吉も彫刻「霊鷹」を出品する。

今度は人間の方が、つぎからつぎへと鷹の肩に止まったことになる。それは、ほとんど鈴なりといってもよいぐらいだ。

第一九章　なぜ動物を見るのか

三本足のカラス

鷹ばかりでなく、烏についても報告しよう。慌て者の読者は、この字を鳥と読んだかもしれない。目を凝らせば、一画足りない「烏」である。足りない横線は目だという。烏に目がないわけではない。全身黒ずくめで、目があるのかないのか、よくわからないからこの字になったという。黒い姿が不吉だとされて嫌われることが多い烏を頭に載せて、博物館前庭にて、太鼓持ちによる「祝勝聯隊踊」は演じられた。

「祝勝」なのだから、もちろん不吉ではなく吉、凶鳥ではなく瑞鳥である。それは、はるか昔、『古事記』の時代から日本の空を飛んでいた。

カムヤマトイハレビコ（神倭伊波礼毗古命）、のちの神武天皇は、兄のイツセ（五瀬命）と共に日向を発ち、筑紫、宇佐、安芸、吉備を経て、浪速に到達した。これだけの東征に一六年余を費やしているが、心配ない。神武天皇の人生は一三七年もあったから。

さて、船団が白肩の津に入ったところ、登美に住むナガスネビコ（登美能那賀須泥毘古）が戦を挑んできた。この時に受けた傷がもとで、イツセは死んでしまう。カムヤマトイハレビコは熊野へと向かう。そこで出会ったタカクラジ（高倉下）からひと振の太刀を献じられ、窮地を脱する。タカクラジのいうには、ある時夢のお告げがあり、そのとおりに、太刀は高天原からタカクラジの倉へと下ったものであった。さらに「天より八咫烏を遣わしむ」という言葉が天から届いた。熊野の奥へと入ってはいけない。八咫烏が導いてくれるから、そのあとをついていきなさい、という教えにしたがい、吉野から宇陀へと入ることができた。そこでエウカシ（兄宇迦斯）やヤソタケル（八十建）などまつろわぬ者どもをことごとく倒して、畝傍山麓の橿原で最初の天皇に即位した。このように、烏は勝利へと導いてくれる鳥なのである。

『古事記』では「八咫（大きな）烏」としか書いていないが、古来、八咫烏は三本足の姿で表現されてきた。三足烏は中国の神話にも登場し、太陽を意味するという。高句麗の建国神話にも登場するというから、前回話題の鷹同様に、東アジアの神話世界の広がりの中にとらえる必要がありそうだ。

ちなみに、平成の日本では、日本サッカー協会が八咫烏をシンボルマークに使っている。おそらく、この祝捷大会の会場にいる誰ひとり、サッカーを見たことがないだろう。ようやくフットボールのルールが紹介され始めたころであり、「サッカー」はもちろん「蹴球」という言葉さえ普及していない。東京高等師範学校にフットボール部ができるのは明治三五年、今から八年後、同部が編集して日本最初のサッカー入門書『アッソシエーションフットボール』（鍾美堂、明治三六年）を翻訳刊行するのは九年後のことである。

同書の編者中村覚之助が熊野の那智勝浦出身であったことから、後輩にあたる東京高等師範学校教授内野台嶺が発案、彫刻家日名子実三のデザインにより、昭和六年（一九三一）に、熊野那智大社の神紋「八咫烏」が大日本蹴球協会（昭和四九年より日本サッカー協会）の徽章に採用された。

しかし、同じ八咫烏を目にしながら、あるいは同じ日の丸を振りながら、平成の日本人がこの会場の日本人たちの熱狂ぶりを理解できないように、彼らは百年後の日本人が、「サムライ」だの「ナデシコ」だのと、サッカーに熱狂することを想像できない。

動物園が開くまで

博物館の前庭を離れて、自ずと足は動物園に向かった。公園名物の二本杉が立つあたりで、明治一一年（一八七八）には、エトロフ島で捕えられたヒグマ二頭が飼われていた。こちらに来る前に、「養熊檻」と呼ばれたずいぶんと立派な石造展示施設の図面を見たことがある（『上野動物園百年史　本編』東京都）。正面からは檻越しに、上

第2回内国勧業博覧会動物館（東京国立博物館蔵）

からは穴を覗き込むかたちで、ヒグマを眺めたらしい。しかし、現地には何の痕跡も残されていなかった。明治一五年になって、すぐ隣に動物園が開園すると、ヒグマは園内に取り込まれてしまったのだろう。

東京の市民に北海道のヒグマを見せることが、日本の新しい領土を示すという効果をねらったものだった。明治政府は、蝦夷地と呼ばれてきた土地に西海道や東海道といった古代風の名前を与えることで、ずっと昔からそこが日本であったかのように思わせた。

さらにさかのぼること六年、明治五年に湯島聖堂で開かれた文部省主催の博覧会にも、やはりヒグマが連れて来られた。飼育係として同行したアイヌのシャンケは志村弥十郎という和名も持ち、写真家横山松三郎によってその姿が撮影されている。この時には、シマフクロウやシャコタンキツネも展示された（大沢天仙「上野動物園」『少年世界定期増刊 動物園』博文館、明治三五年）。これらを出品した開拓使は、明治九年になると、芝増上寺に設けた東京出張所の裏に仮博物場を開いた。そこでもヒグマが二頭飼育されていた（『横浜毎日新聞』同年五月三一日）。上野公園のヒグマと同じ個体かもしれない。

上野公園では、これまでに三度の内国勧業博覧会が開かれている。それがこの公園の祝祭空間としての性格を決め、だからこそ、きょうこうして日清戦争の祝捷大会も開かれているのである。いずれの博覧会にも動物館（第三回は家禽舎と牛馬舎）が設けられていた。勧業を目的とした博覧会であるがゆえに、牛、馬、羊などの家畜が展示の中心だった。

明治一四年に開かれた第二回内国勧業博覧会の動物館を撮った写真は衝撃的である。その名に反して、厩舎か牛舎にしか見えない仮設建築のすぐ背後に、徳川家の霊廟が顔を覗かせているからだ。言い換えるなら、博覧会主催者（すなわち徳川幕府を倒した明治政府）は、四代家綱（厳有院）、一〇代家治（浚明院）、一一代家斉（文恭院）らが眠る聖域「一之御霊屋」の鼻先に、勧業や啓蒙（すなわち文明開化）の名目で、わざわざ（?）、臭くて賑やかな生き物を展示したことになる。これほど上野の変貌を見せつける光景はない。

博物館の建設が寛永寺本坊跡に決まった時、附属施設としての動物園もそのまま動物館跡に設けることが検討された。しかし、排水の問題を考えるとその場所はいかにも不便で、不忍池に向かう清水谷が選ばれた。江戸時代の千川上水が明治一四年に岩崎弥太郎によって復活されたことも追い風になった。動物飼育にはこの上水を利用したからだ。

入園料二銭を払って正門から入る。敷石を踏みながら谷をくだっていく。すぐに右手にツル舎が見えてきた。その奥には閑々亭（藤堂高虎が下屋敷跡に建てた寒松院の茶室）が見える。また、左手には藤堂家の墓所があるはずだが、塀に囲まれて中はよく見えない。実は、このあたりの風景は、私が知っている平成の上野動物園とあまり変わらない。坂を下り切ると、ライオンの代わりに、ここではゾウがいるという違いがあるだけだ。

暴れん坊だゾウ

ゾウは、今から六年前の明治二一年（一八八八）に、シャム国王より贈られた。オスとメスの二頭がやって来た。残念ながら、メスは昨年の春に腸カタルに罹って死んでしまった。一方のオスは元気、というよりもたいへんな暴れん坊で、身体は大きくなり、もはや誰のいうこともきかない。そこで、昨年、シンガポールからゾウ使いを雇った。シンガポール領事館を通しての二年越しの交渉を経て、来日したのはアラン・オスマンという四五歳のマレー人、月給三〇

「シャム国王から贈られたゾウ」
（『上野動物園百年史』）

円、三年間の契約だった。三一歳の時から、二五〇頭のゾウを飼う酋長「ソルタン・イドレス」邸でゾウ使いを務めていた。しかし、すべては無駄に終わった。オスマンはまったくゾウを躾けることができず、やる気をなくし、望郷の念は高まるばかりで、早くも半年後には帰国を願い出る始末だった（『上野動物園百年史』）。それ以来、ゾウは鎖につながれたままになっている。

このゾウ（当時は名前をつけない）は長く生きて、関東大震災の直後に浅草花屋敷にもらわれていった。震災に懲りて、これを機に殺処分しようという話が持ち上がった。大正版「かわいそうなぞう」の話である。「死刑執行人」として白羽の矢が立ったのが、なんと尾張の殿様徳川義親侯爵だった。「ぼくには子供の頃からのなじみの象で、殺したくない」などとさんざごてて、花屋敷に引き取ってもらうよう自ら交渉に出向いたと自伝『最後の殿様』（講談社）に書いてある。

しかし、徳川義親にはマレー半島でのゾウ狩りの経験があった。「私は初めてこんな巨象を斃したので、ちょっと得意になって、お山の大将になって見たくなりましたから、大威張りで象の上にどっかり腰をかけると、私は吃驚して飛び上ってしまいました。象の硬い毛でお尻をいやというほど刺されたのです」と得意げに書いた文章もある（徳川義親『じゃがたら紀行』中公文庫）。

花屋敷では、鎖は外されたものの、身動きもできないような狭い檻に押し込められて暮らしたという。そして、昭和七年（一九三二）に死んだ。もちろん、そんな後半生が待っていることをつゆ知らず、私の目の前で、ゾウは長い鼻をぶらぶらと揺らしている。

神田っ子虎

ゾウ舎の先に、煉瓦造に瓦屋根を載せた半円形のトラ舎がある。明治一九年（一八八六）の秋、神田秋葉原で興行中のキアリーニ・サーカス（チャリネ大曲馬）で、トラが子を三頭産んだ。そのうちの二頭が、ヒグマと交換で上野動物園に渡され、翌年から公開されてきた。「神田っ子虎」、あるいは「江戸っ子虎」と呼ばれて人気を博した。もっとも、オスは間もなく死んで、今はメスしかいない。やっぱり名無しで、逆に平成の日本では、当たり前に動物に名前を、それも多くは人間の名前をつけることを、あれはいったいどういう行為なのかと問直してみたくなる。

たとえゾウ一頭、トラ一頭ではあっても、ヒグマにはない魅力がひとびとを引きつけてきた。さらに遠い異国の動物だからだ。開園から一二年が過ぎて、このところ、年間入園者数は三〇万人を前後で推移している。ところが来年になると、一気に増える。それには日清戦争がからんでいるのだが、ひと足お先に、伊藤博文が清国政府から強引に贈らせたというシフゾウを見に行くことにしよう。

動物園の話まだまだつづく。

第二〇章　戦場からきたラクダ

まだ上野動物園にいる。というよりも、はじめから動物園にいた。旅の始まりを思い出してほしい。出発直前まで、不忍池に面したカフェテラスで、熱いコーヒーを飲んでいたのだから。

四不像

もっとも、不忍池のあたりまでが動物園になるのはずっと後、日本が何度も戦争を重ねて、最後にはこてんぱんにやられて敗戦を迎えた直後のことである。日清戦争ただ中の今、動物園の敷地は、東京美術学校と東照宮にはさまれた清水谷と呼ばれるほんのわずかなスペースに過ぎない。

それでも展示されている動物は三三〇点を超える。鳥が多く、小動物中心ではあるが、数年前にゾウ、トラ、シフゾウなどの大型動物が加わり、それが入園者の増加につながった。今年明治二七年（一八九四）の入園者数はおよそ三二万人、本館たる帝国博物館の入館者およそ一一

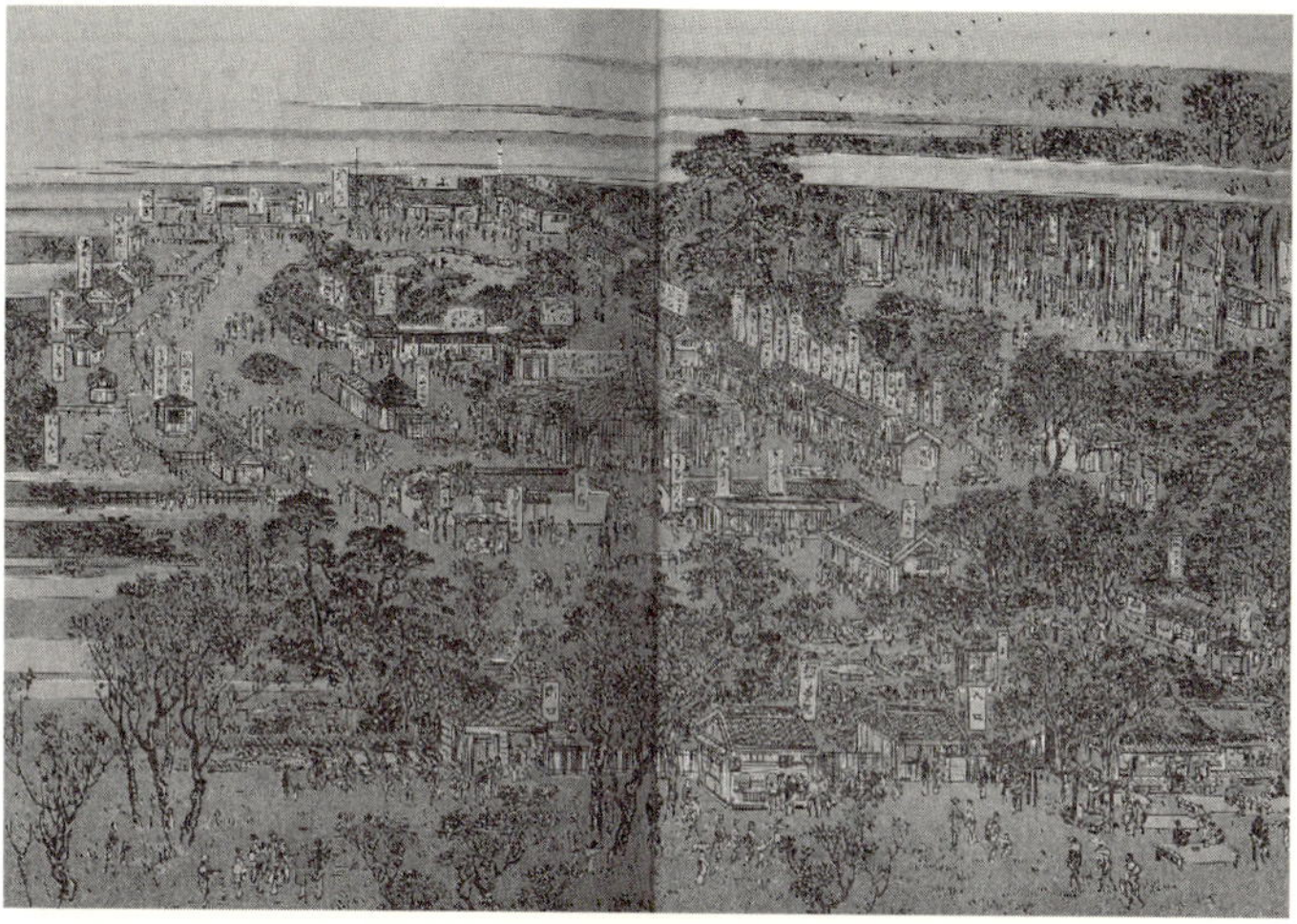

「上野動物園」
（『臨時増刊風俗画報　新撰東京名所図会第二編　上野公園之部下』）

万人をはるかに上回っている。

シフゾウは四不像と書く。角はシカ、首はラクダ、蹄はウシ、尾はロバに似ているがそのいずれでもない、あるいはまた、角はシカ、頭はウマ、体はロバ、蹄はウシに似ているがそのいずれでもない、ということから四不像と呼ばれるようになったという。明治二七年現在、本来の生息地である中国では絶滅に瀕しており、わずかに北京郊外の南苑（皇帝の狩り場）で飼育されてきたが、ついこの間も洪水に見舞われて、また数を減らしてしまった。

上野動物園が開園した明治一五年（一八八二）に、北京に駐在していた榎本武揚特命全権公使が清国政府にシフゾウの提供を求めたが、なかなか聞き入れてもらえなかった。しかし三年後の天津条約締結時に、北京に乗り込んだ伊藤博文が強引に談判し、シフゾウ二頭の寄贈を実現させた。それが子を産んだから、現在は三頭が飼育されている。

敗戦直後にインドのネルー首相から贈られたゾウ、日中国交回復時に周恩来首相から贈られたパンダを待たずとも、動物の贈与に政治家が関与することは、早くもこのころから始まっている。それは動物が外交大使を務めるということである。しかし、この夏に始まった戦争は、そんな手続きさえもすっ飛ばしてしまった。

ラクダの献上と下賜

ラクダは家畜だからシフゾウとは生息数が格段に違い、同列に扱うべきではないかもしれないが、日本人から見れば、ラクダははるばる「月の沙漠」（大正一二年の童謡）からやって来た、シフゾウよりもいっそう珍しい異国の動物である。誰も家畜だなんて思っていない。

第八章のラクダの話を覚えておいでだろうか。今月に入って、広島城内に置かれた大本営で、戦場から届いたフタコブラクダが天皇の御前にたびたび引き出された。第二軍が献じたものだった。四頭はいた。砲車を曳かせたり、侍従らを背中に乗せたりと、天皇は大いに楽しんだらしい（『明治天皇紀』明治二七年一二月一日・六日・一〇日条）。

少なくともこのうちの二頭は東京に運ばれ、皇太子に献上され、皇太子より動物園に下賜された。そのような説明を早く掲示せよとの宮内省からの督促を受けて、明治二八年三月四日付で、帝国博物館内で説明文案が決裁されている（『動物録』東京国立博物館蔵）。その解説はつぎのとおりである。

戦利ラクダの展示（絵葉書）

「此駱駝ハ牝牡清国旅順口於テ第二軍ノ手ニ落チシヲ、山路第一師団長ヨリ献上セラレタルモノニシテ、敵軍ニテハ多分輜重ニ使用セシモノナラント云フ、背ニ貳個ノ瘤アルヲ以テ両峯駝ト称シ、中央亜細亜ニ多ク産ス、本邦ニ渡来セシコト少ナシ、明治廿七年十一月廿九日大本営ニ着シ、是迄主馬寮ニ飼置カレシヲ今般皇太子殿下ヨリ当園ヘ下附セラレタルモノナリ」

　これに先立って、二頭のフタコブラクダの展示は二月一日から始まる。間もなく一子が生まれた。さらに二年後にもまた生まれるが、今度は産後二日目に眼病を発症し、起き上がることも母乳を飲むこともできなくなる。皇太子より賜ったラクダゆえに必死の治療が施された様子が伝わっている（『上野動物園百年史　資料編』）。

説明板は長く掲示されていたようで、『少年世界定期増刊　動物園』（博文館、明治三五年四月）にも、まったく同様の説明がある。さらに、明治四〇年（一九〇七）につくられた「博物教育　動物園唱歌」（作詞大塚幽香、作曲田村虎蔵）でも、こんなふうに歌い継がれる。

「一四　かつて日清戦役に、名高き山路将軍が、
旅順の地にて捕へ来し、駱駝今猶ここにあり。
一五　背にある瘤は養分を、つねに貯ふものなりと、
説き給ひたる師の君の、教に思ひあはすかな」

ちなみに、この唱歌は五二番まであり、当時の上野動物園を隅々まで見て回る趣向になっている。

夫婦和合のラクダ

こちらに旅立つ直前に、平成の上野動物園でラクダを探したけれど見当らなかった。多摩動物公園にも井の頭自然文化園にもおらず（ラクダは家畜であり、野生動物を見せる動物園にはふさわしくないと判断されたからか）、東京では大島公園動物園で飼育されているのみだった。その説明をここに書き写しておこう。その個体を誰がどこでど

のように手に入れたかは不問、要するにそれは問題ではないのだ。

「ラクダの仲間では最大の種で、中央アジアで家畜として飼育され、砂漠での荷物運搬に使われています。家畜化されたのは紀元前一八〇〇年ごろといわれています。コブのなかには硬質の脂肪がたくわえられていて、栄養状態によって大きくなったり小さくなったりします。長い間水を飲まなくても耐えられたり、鼻の穴を自由に閉じられるなど、砂漠のくらしに適応しています」（東京動物園協会ウェブサイト）。

ふたつの説明の間には、およそ一二〇年の開きがある。前者には「本邦ニ渡来セシコト少ナシ」とあったが、さらに七〇年ほどさかのぼる文政四年（一八二一）に二頭のヒトコブラクダが長崎に渡来し、見世物となって日本各地を巡業した。江戸では、山東京山（京伝の弟）が錦絵に口上を寄せ、名古屋では、高力猿猴庵という尾張藩士が、興行の一部始終を克明に記録した。『絵本駱駝具誌』（神戸市立博物館蔵）と題した肉筆絵本が伝わっている。川添裕『江戸の見世物』（岩波新書）を手掛かりに、京山の説明を引くことにしよう。説明はがらりと変わる。

「駱駝の溺（小便）を製して皈死救命の霊薬とする事は、蘭学家の知る所也。小児、此図を粘おきて常に見る時は、疱瘡麻疹をかろくし悪魔をさるの妙あり。又、雷獣、駱駝を怖るゝ事甚しく、駱駝の居る所へは雷落つる事なし。ゆゑに、おらんだ人は駱駝の図をもつて、雷除の守とす」（歌川国安画「駱駝之図」文政七年）。

ラクダの小便が薬になるばかりか、ラクダの絵を見るだけで疱瘡麻疹に効き、雷も避けることができる。さらに、ラクダの尿を乾燥させて粉末にしたものが鼻血止めや蚊虱除けになり、毛はやはり疱瘡除けになる。仲睦まじいラクダを見れば、それだけで夫婦和合が叶うとされ、ラクダ和合神の図像が販売されるなど、いかにも見世物らしく数々のご利益が宣伝されている。

これは遠い昔の迷信だと簡単には片付けられない。明治の動物園では動物に託して日本軍の強さが語られ、平成の動物園では野生動物保全が語られることもまた、迷信とはいわないまでも、ある種の信仰に近いものがあるからだ。

戦利動物区画飼養

さらに先の話になるが、明治三〇年（一八九七）春になって、皇室より下付された動物を分散させず、一カ所に集めて展示せよとの指示が宮内省から下された。これを受けて、帝国博物館は隣接する東京美術学校に敷地の借用を交渉し、秋までに九鬼隆一総長と岡倉天心校長との間で敷地交換の契約がまとまった。ちなみに、ふたりの関係は、九鬼夫人をめぐって数年来芳しいものではなかったはずだが、立場上致し方ない。

こうして生まれた新たな展示スペースは「戦利動物区画」と呼ばれ、ゾウやシフゾウの北側に、ラクダ、シカ、ロバ、ミュール鹿、イノシシ、タカなどが横一列に展示されることになった（『上野動物園百年史　資料編』）。

なぜ宮内省にそれを求める権限があったかというと、開館時には農商務省の管轄下にあった博物館が、明治一九年（一八八六）に、附属動物園ともども宮内省に移管されていたからだ。その三年後には、ただの博物館から帝国博物館へと名を改め、東京のほかに、京都と奈良にも博物館が設置されることになった。それは森羅万象を相手とする総合博物館を目指した博物館が古美術中心の展示施設へと大きく舵を切ったことを意味し、動物・植物・鉱物などの自然史部門（当時の表現では天産部）は、窓際へと移らざるをえなかった。

「天産部、ひいては動物園も、事業のうえでは、必要かくべからざる存在ではなく、ただ、その入園料収入だけがあてにされるようになったのである」と、さも恨めしそうに『上野動物園百年史』は書いている。むろん、京都と奈良には、天産部も動物園も設けられなかった。

明治三二年になって、故陸軍少将大寺安純の愛馬「精華号」が第六師団より直接寄贈された。大寺は山路将軍直属の部下で、日清戦争で戦死したただひとりの将官であった。それゆえに、その死は高く讃えられた。主を喪ったあともなお「精華号」は戦場にあったが、一一歳になるのを機に動物園へと送られてきた。師団長が帝国博物館総長に提出した寄贈願（八月一一日付）には、「義勇報公ノ志気ヲ鼓舞シ且ツ戦死者ノ名誉ヲ表彰スル為メ動物園へ寄贈致度候」と明記されている（『動物録』）。

そのころ、大寺少将の遺品は靖国神社遊就館で展示されていた。遊就館といえば、武器と遺品を中心に展示した戦争博物館と思いがちだが、明治一五年の開館当初（奇しくも上野動物園と同時）、遺品は展示物ではなかった。そのようなものを展示することに価値が認められていなかった。遺品とは、正しく遺族にとってのみ価値を有するものであったからだ。遺品の一般公開とは、その価値を不特定多数の人間と共有しようとする企てにほかならない。最初に展示された遺品が、実は大寺少将のそれだった。そろそろ動物園をあとにして、遊就館からたくさんの戦利品が出品された展示コーナーへと足を運ぶことにしよう。運がよければ、賀茂水穂宮司にインタビューができるかもしれない。

第一一章　旗を曝す

きのうの今ごろ、上野大仏の前から竹の台に抜けたときには、東照宮の鳥居の脇で、職人が丸太を使って大きな櫓を組んでいた。きょうはそこにたくさんの旗が吊るされており、風をはらんでは波打っている。ひとびとが群がって、なかなか近寄ることができない。

分捕品

軍旗を敵に奪われることがいつから恥ずべきことになったのだろうか。一七年前のことになるが、乃木希典少佐が西南戦争で連隊旗を西郷軍に奪われた話は広く知られる。これを恥じた乃木は山県有朋に厳しい処分を求めたが不問に付されたため、何度も自殺を図ったという。その乃木は、今は旅順にあって、歩兵第一旅団長として戦っている。先月二四日の旅順陥落は東京市民を熱狂させ、その興奮はまさしくきょうのこの日につながっている。

逆にいうなら、敵の軍旗は奪うべきものであり、分捕品として曝されるべきものである。そして、それを前に敵を貶め、喝采を挙げるべきものである。櫓に吊るされた清国軍の旗には、縞模様のものが多い。正方形や三角形の旗もあり、大書された「魏」、「蘇」、「聶」、「高」、「葉」、「鍾」などの文字が目に飛び込んでくる。とにかく大きくて、掲げようとしても、一人ではとても持ちこたえられないだろう。

旗の大きさということなら、ずっと未来の日本では、サッカーのスタジアムでとてつもなく大きな日の丸が広げられ、観客席の上を移動する。昭和の日本にはなかったが、平成の日本にはある。おそらく日本史上最大の日の丸だろう。そうそう、スタジアムの最前列には選手の名前を大書した旗がしばしば吊るされるが、あの光景がこの分捕品陳列に似ている。こんなふうに旗が主役に躍り出るのは、戦争を忘れた平成の日本ではサッカーぐらいで、それはサッカーがナショナリズムを煽る擬似的な戦争だからだろう。いけない、少し気をゆるめると、すぐにサッカーの話になってしまう。

幕末までは、旗は横に長いフラッグではなく縦に長い幟（旗指物ともいう）が主流だった。欧米との外交関係が始まるとフラッグの必要が生じた。そもそも国旗としての日の丸が、海上の目印として軍艦に掲げる必要から生じたのである。開港地横浜にはフラッグが翻るようになる。駐屯した英仏軍がフラッグを掲げて行進する様子が日常的な光景になる。軍隊を洋式に切り替えると、フラッグが不可欠なものとなった。

ちょうどその過渡期ともいうべき戊辰戦争で大きな役割を果たしたものが「錦の御旗」である。「朝敵討伐」の標識だった。それは幟をさらに長く引き伸ばした幡と呼ぶべきもので、岩倉具視の指示により、薩摩の大久保利通と長州の品川弥二郎が布を買ってきて短期間にちょこちょこと仕立てた。それだけで幕軍の腰は引けてしまった。

高知の山内神社の薄暗い宝物館で錦旗を目にしたことがあるが、それは宝物館という名のミュージアムの展示ケースには収まりきれない代物だった。びっくりするぐらい大きい。大きくなければ敵を驚かすことができないからだ。こんなふうに軍旗は大きくなる傾向をはらみつつ、一方で戦場の現実に合わせて小さくなる傾向をもはらんでおり、両者のせめぎ合いの上に旗の大きさは決まる。旗は見飽きないな。

ついでにいえば、日本軍の軍旗は昭和二〇年（一九四五）の敗戦を機に奉焼命令が出てことごとく焼かれたが、歩兵第三二一聯隊の軍旗のみ焼かれずに密かに保存され、のちに靖国神社に奉納された。完全なかたちで残る唯一の軍旗といわれ、平成の遊就館で目にすることができる。同館には、対照的に縁取りのみを残した不思議な軍旗も展示されている。こちらは歩兵第五七聯隊の軍旗で、レイテ島から復員する際に将兵が分担して持ち帰り復元したものである。旗の

「分捕品陳列所」(『東京市祝捷大会』)

本体に当る部分が中空になったままの観念の軍旗である。

遊就館

人混みをかきわけて近寄ると、櫓の奥が葦簀張りの小屋になっており、旗以外にも、軍刀や槍、山砲や砲弾などの武器、太鼓や銅鑼などの軍楽器、軍服や軍帽、さらには婦人の衣服までもが展示されていた。公式報告書『東京市祝捷大会』は、わざわざ「婦人の服の如きは盖し会員の絶倒噴飯したる所なるべし」と書いて、婦人を同行する清国軍の軟弱さを笑っている。

主催者は、全部で四九点から成るこれら分捕品の借用を陸軍省に願い出て、遊就館より借りて会場に陳列した。戊辰戦争を記念する博物館として、靖国神社境内に遊就館が建設されたのは明治一五年（一八八二）のことである。直接のきっかけは、華族会館が西南戦争に際して募った醵金の残額を招魂社（靖国神社の前身）に納めたことにある。この資金を活用し、かねてより招魂社が抱いていた「展観所」を境内に建設し、「日本古代よりの武器類を陳列」し、一般に公開する構想（『読売新聞』明治一〇年一一月二〇日）を、一気に、「掲額並武器陳列場」（同一二年一月六日付陸軍卿西郷従道宛て陸軍少将小沢武雄伺書）というかたちで具体化した。

大砲などの重量物の展示を当初より想定し、それゆえ工部省の招きでイタリアより明治九年（一八七六）に来日したジョヴァンニ・カッペレッティの設計になる煉瓦造の建物が建設された。それはヨーロッパの古城風で、境内では異彩を放っている。ちなみに、私が先ほどまでいた上野動物園も、竹の台の先に見える博物館も同じ明治一五年に開館している。博物館はやはり工部省のお雇い外国人教師ジョサイア・コンドルの設計だが、遊就館とは異なり、イギリス人コンドルの個人的な趣味を反映して、イスラム風のデザインが加味されている。もう一晩東京に泊まって、明日の朝に九段を訪ねてみようと思う。

遊就館はその壮麗な外観にかかわらず、開館時の展示室は実にシンプルだった。玄関を入ると、左右に武器を展示した部屋がふたつ、正面の奥は「額」を展示した部屋で、いわゆる絵画

遊就館

室である。あとは小さな書籍展示室を伴うだけだ。

このうち、武器に関しては、やはり小沢武雄陸軍少将が大山巌陸軍卿に宛てた翌一三年一二月の「物品陳列之儀ニ付伺」の中で、陳列すべきものを「砲兵工廠ニ有之旧諸藩ノ還納品・分捕品等ノ中同廠不用ノ分ヲ受ケ猶漸次購求ノ事」としている（『遊就館史』遊就館、昭和一三年）。

この時点での「分捕品」とは、戊辰戦争および西南戦争という内戦での敵からの分捕品であるが、ひょっとすると明治七年（一八七五）の台湾出兵や翌年の朝鮮江華島事件での分捕品が混じっている可能性がある。少なくとも、博物館にはそれが入っているはずだが（『東京日日新聞』明治九年一月二九日）、そのまま処分されずに収蔵庫に眠っているとしても、後身の東京国立博物館にそれを公開する気はないだろう。

では、遊就館に海外の敵からの分捕品が入ってくるのはいつからか。実は開館とほぼ同時に、博物館より「文禄年間征韓の役並大友討伐の節分捕の大砲二門」を移管している。日清戦争を待って、それが一気に増える。開戦間もない九月六日から成歡の戦の分捕品を陳列し、一一日より一般に公開した。また、九月二九日には豊島沖海戦で鹵獲した清国軍艦操江号の附属品一〇点が海軍省から移管され陳列室に並んだ（『遊就館史』）。

すでに明治二〇年（一八八七）には大砲陳列場の増築工事が竣成していたものの、増加する一方の分捕品への対応は困難をきわめた。展示することも収蔵することもかなわず、同三五年に「戦利品陳列場」を増築している。しかし、その後に始まる日露戦争で分捕品はさらに増えるため、再度の増築に着手し、同四一年に落成を見ることになる（『靖国神社誌』靖国神社、明治四四年）。明治半ばからの日本はつねに戦争とともにあり、遊就館はつねに増築を重ねていた。

賀茂水穂宮司は語る

こんなふうに分捕品を貸し出して一般に公開するなんて、靖国神社も大きく変わろうとしているのだなと思いつつ展示物を眺めていると、うまい具合に賀茂水穂宮司が入ってきた。午前中の不忍池畔での儀式を終えたあともなお会場に止まっていたのだ。アポなし突撃インタビューを試みた。

木下「宮司、少しお尋ねしてもよろしいでしょうか。私は宮司のお生まれになった遠州浜松より上京、この祝捷大会のためにはるばるやって参りました」

賀茂「それは懐かしい、最近の浜松はいかがですか」

木下「最近のことはわかりませんが、百年後の未来ならよく知っています。おっと、これを言ってはいけない……」

賀茂「今なんとおっしゃったかな」

木下「いえ、こうした分捕品の貸出しはよく行われるのですか」

賀茂「そうじゃな、分捕品ではないが、四年前にはじめて東京彫工会・日本美術協会・日本漆工会の求めに応じ尚徳古物展覧会に出品したところ、これがたいへん好評で、それからは諸団体の要請に積極的に応じることにしておる。このたびのいくさが始まってからは、一〇月一日より宮城県ほかおよそ三〇の県に分捕品を貸出し、各界での教育に役立ててもらっている。なんといっても、日本国民挙げて、戦場の将兵の労苦に感謝せねばならぬから」

木下「いわゆるアウトリーチ活動ですね」

賀茂「ん?」

木　下「たしか、遊就館は政府が戊辰戦争の勝利を記念して建てたのではなかったですか」

賀　茂「建設を考えはじめたころはそうじゃったが、招魂社が靖国神社と名を改めてからは、お宮も性格を変えてきたのじゃよ。招魂社は官軍の死者を祀るためのお社から、西南戦争を経ることで一皮むけた。あれで日本はひとつになった。御国のために戦って死んでいったひとびとの勲功を讃え、その霊魂を祀る場所へと変わったのだな」

木　下「しかし、西南戦争で朝敵となった西郷さんは五年前にようやくその罪が許されましたが、靖国神社には祀られません。関係者が集まって西郷さんの銅像を建てようと企て、それは四年後にこの公園内に出現しますよ」とこれは口には出さず……このあたりで急に通信事情が悪くなる。

第二章　文野の戦争なり

平成の日本とは百年以上も隔っており、時折、通信不通となるのは仕方がない。ようやく回復したようだ。

通信回復

木下「賀茂宮司、外国相手の勝ち戦が続けば、分捕品がますます増えますね。その展示施設として、靖国神社の遊就館が果たす役割はこれからいっそう大きくなると思いますが」

賀茂「それに応じて増築を考えておる」

木下「八年後のことですね」

賀茂「何を言っているのかね」

木下「遊就館の建設をめぐって陸軍省で議論が交わされていた当時は、たしか武器陳列場にとどめず、額堂とか絵馬堂という言葉が飛び交っていたはずですが、絵画の方は順調に集まっていますか」

賀　茂「なぜそんなことまで知っているのかね。きみは新聞記者かね」

木　下「いえ、私は今年の夏に亡くなった絵描きの高橋由一の縁者なのです」

賀　茂「ああ由一さんか、惜しい人を亡くしたものだ。お幾つだったかな。遊就館をつくろうという時に、武具甲冑を描いた大きな絵を頂戴した」

木　下「六七歳でした。明日は九段にその絵を見に行こうと思っております」

賀　茂「玄関を入った正面の部屋に掛かっておる。もっとも、お宮に奉納してくれた方は、由一さんではなくて安田善次郎と内藤耻叟のおふたりだったが。耻叟は最近になって、再び日本人は刀を持つべしという帯刀論を吐いておるよ」

木　下「それはなんとも過激ですね。ついでにチョンマゲも復活させたりして。ところで戦が続けば、戦死者のことも気になります。敵から奪った分捕品ばかりでなく、彼らがこの世に残していったものを集めるおつもりはありますか」

賀　茂「難しいお尋ねだ。そういうことはあまり考えておらぬからな。お宮はもと招魂社といってな、戦場で亡くなった方々の御霊を神として祀るところじゃから、御祭神が地上に残していかれた血染めの衣類や武器を並べてくれと言われてもなあ。そのようなものまで、ご遺族以外のいったい誰が見たがるかね」

木　下「もうしばらくして年が明けますと、残念ながら大寺安純少将が戦場でお亡くなりになります。このたびの戦ではたったひとりの将官の戦死です。その方が身につけていた何の変哲もない軍服が、再来年の暮れには遊就館の展示室に並びますが、いったいどのような力が働いて、それは聖性を帯びるにいたるのでしょうか」

賀　茂「誰なんだ、お前は！」

あわてて分捕品陳列小屋を飛び出した私は人混みに身を隠した。賀茂水穂宮司があとを追って来ないことを確かめると、再び動物園の方に向かい、三張の大テントの前で足を止めた。主催者の要望に応えて、日本赤十字社が戦場仕様の野戦病院を公開しているのである。

日本赤十字社

中央が病室、右が手術所、左が調剤所という設定で、病室の入口では、負傷兵役の男が横たわり、赤十字の腕章を巻いた医者や看護人から治療を受けている。併せて、テント前にはさまざまな医療器具が展示されている。

これらを快く提供した日本赤十字社の社長は佐野常民である。佐野がまだ佐賀藩の海軍建設に邁進していた慶応三年（一八六七）、パリに渡って万国博覧会を見学した。徳川幕府、薩摩藩と張り合って、佐賀藩もまた独自に博覧会に参加したからだ。帰国すると幕府は瓦解していた。今度は日本海軍の建設に従事するが間もなく離れ、博覧会を重視した勧業政策に力を注ぐことになる。

パリを訪れた時、佐野は四四歳だった。すでに分別をわきまえた男をとらえて離さなかったものは、ジュネーブに拠点を置く負傷軍人救護国際委員会の展示であった。さらに明治六年（一八七三）のウィーン万国博覧会に事務副総裁として参加すると、各国の救護委員会の展示を見ることになる。イタリア統一戦争においてもっとも悲惨な戦場といわれるソルフェリーノで、数多くの負傷兵の哀れな姿を目にしたスイス人実業家アンリ・デュナンが呼びかけ、負傷軍人救護国際委員会が創設されてから、ちょうど一〇周年を迎えていた。二年後に、この委員会は赤十字国際委員会と名を改める。

当時、ヨーロッパではクリミア戦争、普仏戦争、アメリカでは南北戦争、そして日本では戊辰戦争が繰り広げられてきた。兵器の開発は戦死者・戦傷者を増大させる一方であり、戦争が悲惨なものになればなるほど、「真の人道的感情をもちあわせ、いざというときには即座にこの慈悲深い活動に没頭する心構えのある人々」（デュナン『ソルフェリーノの思い出』一八六二年）が

「赤十字社野戦病院」（『東京市祝捷大会』）

求められた。負傷軍人救護国際委員会創設の翌一八六四年に、一六カ国の政府代表がジュネーブに集まって「戦地軍隊ニ於ケル傷者及病者ノ状態改善ニ関スル条約」（ジュネーブ条約）が結ばれた。その第六条で「負傷シ又ハ疾病ニ罹リタル軍人ハ、何国ノ属籍タルヲ論セス之ヲ接受シ看護スヘシ」とうたうとおり、敵味方を問わずが「赤十字」の眼目である。

帰国後の佐野は、日本でも赤十字委員会が必要と訴える。明治一〇年（一八七七）の西南戦争がそれを一気に具体化した。元老院議官となっていた佐野は、元三河奥殿藩藩主だった大給恒（松平乗謨を改名）と連名で、「博愛社設立願出書」を岩倉具視右大臣宛てに提出した。いったんは却下されたものの、再び征討総督有栖川宮熾仁親王宛てに提出して認められ、まだ戦乱が収まらないうちに博愛社が活動を開始した。

医学教育の現場ではまた別に、ボードウィンやブッケマンといった明治政府お雇いの外国人医師から赤十字に関する情報が伝わった。松本良順、林紀、石黒忠悳ら陸軍軍医がその教えを受け、さっそく赤十字の標章の使用を望んだが、それがキリスト教を意味するという理由で認められなかった。代わりに許されたものは、「赤一字」である。

その事情を石黒がつぎのように回想している。

「これ（赤十字）は後年必ず各国同一の定めになることであろうから、今のところ暫らくは十字から縦の一文字を削っておくこととし、白地に赤の横一文字のしるしとしたらよかろうと、いよいよ肚を極めてこれを太政官に申し出て許可を得ました。それから軍医の帽子の前章には、銀の楯のなかに赤羅紗の一文字を付けたのを用いました。ところが、この赤一字章が丁度赤い舌を出したように見えるので、世間では「舌出し軍医」などと悪口を言ったものです」（『懐旧九十年』岩波文庫）。

その後、明治一九年（一八八六）になってようやく日本はジュネーブ条約に加盟し、翌年、博愛社を赤十字社と改めた。同社の社章は、皇后が佐野常民に示した簪にしたがい、桐竹鳳凰の中に赤十字を記したものとなったという。

そして、明治二一年に起こった磐梯山噴火、その二年後の濃尾大地震で災害救護活動を展開し、国内での存在感を示した。この間、石黒は一貫して赤十字社の事業に尽力した。赤十字社支援のために、虎ノ門の工部大学校で催された活人画が我が国最初の活人画であったことや、自腹で「赤十字幻燈」を用意し、各地で上映会を開催して宣伝したことなどを、『懐旧九十年』は詳しく伝える。

野戦病院

豊島沖で始まった戦争を追認するように、八月一日に出された宣戦の詔勅は、国際法の遵守を命じた。これを受けて、大山巌陸軍大臣は「敵はいかに残暴にして悪むへき所行あるにもせよ此方にては文明の公法により傷病者をは救護し降者俘虜をは愛撫し仁愛の心を以て之に対すへし」と訓示した。いうまでもなく、ここでいう「文明の公法」とはジュネーブ条約である。しかし、敵国たる清国はジュネーブ条約に未だ加入してはいなかった。

片方のみが国際法を遵守することは不公平であったが、日本政府はこの姿勢を貫こうとした。敵国ではなく、むしろ観戦する欧米列強に日本が「文明」国となったことを示そうとしたからだ。そうすればそうするほど、敵国の「野蛮」が際立つ。福沢諭吉のいうとおり、「日清の戦争は文野の戦争なり」（『時事新報』明治二七年七月二九日）なのだから。

赤十字社は開戦前から救護員の派遣を希望し、陸軍大臣の許可を得て、九月二日に第一救護員四一名、一〇月一九日に第二救護員四〇名を派遣した。第三救護員三八名の出発は一二月二五日だから、これからまだ半月ほど先のことである（『明治二十七八年役日本赤十字社救護報告』日本赤十字社、明治三一年）。戦地では、赤十字社は野戦衛生長官の指揮下に置かれた。この長官に任命されたのがほかならぬ石黒ゆえ、やっぱり『懐旧九十年』で思い出を縷々語っている。なにしろ、石黒は九〇年どころか九七年も生きたのだから懐旧は尽きない。

その中で一番面白い思い出は、「彼我将卒看護のために赤十字社看護婦を使用したい」と願ったのだが、「戦地において立派な戦功を立てた名誉の傷病者が、女の看護を受けるため万一何か風紀上の悪評でも立ったら、せっかくの戦功を傷けるに至る虞れがあるという」理由でなかなか認められなかったという件だ。すでに傷ついているのだから、さらなる傷を重ねてはいけないという配慮であった。しかし、石黒もねばって、とうとう広島の陸軍予備病院に配置することがかなった。看護婦には、樺山資紀軍令部長夫人をはじめ、陸海軍の将官・佐官の夫人・令嬢も交じっていた。「こうして後一年間の広島病院には何ら風紀上の悪評も起らず、至極好結果を得たのです」というが、たとえ椿事が起こったところで、石黒野戦衛生長官の耳にまでは絶対に達しないだろう。

陸軍は陸地測量部から写真班も派遣している。戦地で撮った数々の写真の中には、野戦病院もある。木箱に板を渡しただけの仮設ベッドの上に横たわる清国兵の写真は、雑誌『風俗画報臨時増刊　日清戦争図絵』第四編に転載された。ただし、写真そのままではなく絵に写され、それゆえに細部が省略され、見せたいところが強調されている。手当てを受ける捕虜の疲れ切った表情と赤十字の腕章を巻いた救護員の凜々しい表情とは好対照である。それでも、戦場でのたれ死ぬかと思ったら救われて、そのうえ治療まで施されているのだから、こんなにありがたいことはない。「文明」のお陰である。

第二三章　四面楚歌の船

彩　火

定遠と致遠、これが不忍池に浮かんでいる二隻の軍艦の名前である。定遠は長さ四〇メートル近くもあり、弁天社の西に碇を下ろし、致遠はその半分ほどの大きさだろうか、北側の水面を漂っている。昼間目にした時には、甲板を清国水兵（実は仮装した広目屋の人夫たち）があわただしく行き来し、煙突から盛んに煙を吐いていた。

日没は午後四時二六分、本郷の空がまだうっすらと明るいが、不忍池は夕闇に包まれている。少し前から点されていた無数の球燈が次第に明るさを増してきた。見渡せば、球燈を吊るした綱が木々の間に張り巡らされ、まるで蜘蛛の巣が輝いているようだ。加えて、池畔の酒楼がいずれも煌煌と灯りを点し、それらが水面に映って、「不夜城中永夜の宴」（『日本附録』明治二七年一二月一〇日）の様相を呈している。

本日最後にして最大の余興が始まろうとしている。上野の山に広がっていたひとびとが、われもわれもと池畔に下りてきた。竹矢来はいたるところで踏み倒され、弁当を奪い合った昼の混雑の比ではない。押されて池にはまった輩もいる。提灯を手にした何十人もの警官が必死になって制御しようとするのだが、とうてい叶わず、とうとう警官が「助けてくれ」と叫び出す始末だ。

ひときわ明るい馬見所の前で、彩火が始まった。「さいか」とも「いろび」とも読む。打ち上げ花火でも仕掛け花火でもなく、さまざまな色の火を盛大に焚くことで、このころ大いに流行った。今年の三月九日に、宮城内で天皇皇后御成婚二五周年の祝賀会が開かれた折り、日が暮れてから二重橋近くで色とりどりの彩火が行われたことを、画家高橋源吉（由一の息子）が油絵に描いている（「大婚二十五年奉祝景況図」宮内庁三の丸尚蔵館蔵）。

ふたりの男（鍵屋の社員）が彩火を点じた。紅の火が高く燃え上がる。それが収まると、つぎは黄火、ついで緑火、さらに赤火、青火と続くうちに、喝采を送っていた群衆の中から、「モウ止せよと叫び、倦きた〳〵と呼び、早く軍艦を焼撃しろ、と怒鳴るものあるに至る」（『東京日日新聞』同月一一日）。

この声に応じたわけではないだろうが、一転して、今度は仕掛け花火が始まった。爆発音とともに火が走り、交叉する大きな旗が空中に浮かび上がった。右に陸軍旗、左に海軍旗、それぞれの上からは滝のように火の粉がほとばしり、地面に落ちた。光りのアーチが出来上がった。「拍手又拍手、喝采又喝采、暫しは鳴りも休まざりき」（同上）。

焼討ち

するとど、不意をつくかのように、一発の砲声が馬見所前の砲台より鳴り響いた。砲弾は目にも止まらぬ早さで池の上を飛んで、致遠の火薬庫に命中した、と誰もが思う絶妙のタイミングで、致遠は火を吹き上げた。何度も爆発が続いた。火炎はみるみるうちに船体を包み、マストを這い上がり、その先端で熱風に煽られていた黄龍旗を焼き尽くした。

さらに一発の砲声が轟いた。あわてて致遠から定遠に目を転ずると、一雙の水雷艇が波を立てずに接近していくのが見えた。僚艦致遠の炎上に慌てた定遠の乗組員が電燈を点じて水面を照らし、迫り来る敵の発見に務めたが、水雷艇は巧みにそれを交わして、一発の水雷を発射した。それがするすると水面下を走って、これまた見事、定遠の艦底に突き刺さった、と誰もが思う絶妙のタイミングで、船腹から激しい爆発が起こり、定遠は紅蓮の炎に包まれた。

マストを這い上る炎は俄に大きな龍の姿に変わった。龍は火の玉を追いかけて、金色の身体をくねらせているうちに、鱗がつぎつぎと剝がれ落ち、とうとう甲板上に崩れ落ちた。この時に、群衆の興奮は頂点に達したといってよいだろう。

「摸造定遠号及致遠号焼撃花火の夜景」（『東京市祝捷大会』）

そして、同じ時に、乗組員（実は仮装した広目屋の人夫たち）の緊張も頂点に達していたはずだ。広目屋といえば現代でいう広告代理店であり、顧客の命じることなら何でもやる。今から六年前の明治二一年（一八八八）に、秋田柳吉が東京京橋に開業した。屋号は仮名垣魯文の命名になるという。創業時は音楽隊を使った宣伝（楽隊広告とも、いわゆるチンドン屋につながる）が業務の中心だったが、日清戦争を機に興行部や装飾部を新設して、会社をどんどん大きくした。来年になれば、川上音二郎と組んで浅草座で戦争劇を興行し、つぎつぎと凱旋する軍隊の歓迎式典の装飾を請け負うことになる。実は平成の東京でも広目屋（正式名称は株式会社廣目屋）はまだ続いていて、銀座に廣目屋ビルを持っている。そのウェブサイトに「ひろめやの歩める道」という興味深いページがあるが、残念ながら、きょうのこの不忍池海戦は載っていない。

艦内に仕掛けた火薬に火を着けたのは、平山烟火事務所（横浜市弁天通）の所員だった。彩火を請け負った鍵屋と仕事を分担したようだ。彼らもまた両艦に乗り組み、ひたすら二発の砲声を待った。タイミングよく花火に点火すると同時に、艦を焼くための石油にも火を着けなければならなかった。池畔から喝采を叫んでいる分には気楽でよいが、黒子の彼らは必死に立ち振る舞い、闇にまぎれて艦を離れたことだろう。定遠に搭載した花火のリストはつぎのとおり（『東京市祝捷大会』）。危険極まりない。

セルチライト　五個　大砲　一発
色火　十個　大梨子　五十個
スターマイン　六箇　玉火　大三十本、小二十本
水中破裂玉　十発　破裂玉　大十発、小十二発
清国旗仕掛色火　一個　モザイク形色火付噴火　十八個

定遠と致遠の未来と過去

　もうひとつ、お気楽な感想を紹介しておこう。筆者は雄風子、「彼の黄海擬戦の遊びは一度限りとせずに永く伝へたきもの」といい、そうであるなら「猶ほ摸造等にも手を盡し、後々は俳優等にも之を練習せしめば、切りの所作などには最も適当」(『郵便報知新聞』同月一二日)と意見を述べている。そうであるなら、俳優には相当の危険手当てを払わねばならないだろう。

　なるほど雄風子のいうとおり、不忍池海戦は「黄海擬戦」であった。しかし、定遠と致遠が演じた役柄は少々複雑な関係にある。本日現在、致遠は沈められてこの世に存在しないが、定遠は健在である。すなわち、今夜の致遠は過去を、定遠は未来を演じたことになる。

　致遠は九月一七日の黄海海戦において、聯合艦隊の旗艦松島、橋立、厳島の砲撃を浴びて沈没した。清国艦隊は、ほかに超勇、経遠、楊威、広甲を失った。旗艦定遠は前甲板に火災を起こしたものの、大破にとどまり、鎮遠ともども逃げ延びることができた。一方の聯合艦隊も、沈没艦こそ出さなかったものの、松島をはじめ激しく被弾したことは第一八章で述べたとおりだ。

　日本海軍にとって定遠と鎮遠は脅威であり、それゆえの宿敵であった。両艦がどれほどの巨艦であったかは、松島と比べると一目瞭然である。

	定遠	松島
排水量	七三五五トン	四二一七トン
全長	九四・五メートル	八九・九メートル
全幅	一八・四メートル	一五・六メートル
最大速力	一四・五ノット	一六ノット
主砲	三〇・五センチ砲四門	三二センチ砲一門

元寇記念碑現状

定遠と鎮遠は同時にドイツで建造された同型艦であり、舷側を甲鉄で覆っていた。松島はこのおとなと子どもほどの体格差を主砲で乗り越えようとした。しかし、重過ぎる主砲を軽い船体はうまく使いこなせず、砲塔を旋回するたびにバランスを欠き、黄海海戦ではたったの四発しか発射していない。しかもそれは定遠に届かなかった。「黄海擬戦」とはだいぶん事情が違うのである。今夜の企画は、当初は定遠と松島の会戦という案であったが（『読売新聞』一二月一五日）、それではうまく演出できないと主催者が判断したのだろうか。

定遠と鎮遠は明治一八年（一八八五）に北洋艦隊に配備された。翌年長崎に寄港した際に、上陸した水兵が市内で起こした暴行事件は警察との衝突に発展し、双方に死者を出している。これを機に反清国感情が高まり、当時の福岡警察署長だった湯地丈雄が職を辞して元寇記念碑建設運動に身を投じたことは拙著『美術という見世物――油絵茶屋の時代』（講談社学術文庫）および『世の途中から隠されていること――近代日本の記憶』（晶文社）でふれた。併せて「よみがえる明治絵画――修復された矢田一嘯『蒙古襲来絵図』」展（福岡県立美術館、平成一七年）と「神風　そのふきゆくかなたへ」展（靖国神社遊就館、平成二二年）のそれぞれの図録も参照されたい。

紆余曲折を経て元寇記念碑は亀山上皇の姿となり、今から一〇年後の明治三七年（一九〇四）に実現する。平成になってもなお、福岡市東公園の「敵国降伏」と刻まれた台座の上に立ち続けている。ついでにいえば、彫刻家山崎朝雲が手掛けた木像原型は、なぜか長く東京多摩丘陵の遊園地よみうりランドに祀られていたが、平成二三年（二〇一一）になって福岡の筥崎宮に譲り渡された。

定遠をようやく仕留めたのは、年が明けて二月九日のことである。陸海軍による山東半島への進撃は一月下旬に始まる。威海衛に籠る清国艦隊を壊滅し、制海権を握ることが目的だった。今夜の不忍池海戦に熱狂する誰ひとり知らないはずだが、まさにこの時に威海衛攻略作戦が金州城に置かれた第二軍司令部と広島大本営の間で練られていた。大本営会議で作戦が決定するのは、五日後の二月一四日である。

聯合艦隊による攻撃は、水雷艇の夜襲で始まった。荒天に難航したが、二月五日深夜の攻撃で、とうとう定遠を座礁させることに成功した。そして、九日にさらなる攻撃を加えて撃沈した。一二日の朝、丁汝昌提督は乞降書を伊東祐亨聯合艦隊司令長官に提出すると、その日のうちに自決した。捕獲した鎮遠は横須賀へと回航されることになる（「鎮遠を横須賀に見る」『日清戦争実記』第三七編）。こうして、定遠と鎮遠という脅威が消えた。

公式報告書である『東京市祝捷大会』は、現実が模擬戦をなぞらえたとして、今夜の不忍池海戦の戦果をつぎのように誇らしげに語っている。

「大会後未だ数旬を経ずして、定遠号は果して我水雷に轟沈せられて威海衛下の泡沫に帰し、北洋艦隊全く殲滅して渤海の湾復た黄龍の旗なく、我武維れ揚りて八紘旭日を仰ぐ、然らば則ち我大会の余興は実に之れが前兆となれるものなり、豈奇ならずや、豈快ならずや」。

第二四章　教えてください！

遊就館見物

こちらに来て三日目の朝を迎えた。馬喰町の旅館を引き払うと一番に靖国神社を訪れ、遊就館で高橋由一の「甲冑図」と対面した。描かれてまだ一七年しか経っていないのだから当然だが、色がとても鮮やかだった。

オランダ国王の肖像画「ウィレム二世像」と「ウィレム三世像」をも目にすることができた。それぞれ弘化元年（一八四四）と安政二年（一八五五）に、オランダ国王から徳川将軍に贈られたもので、疑いなく当時の日本に存在したもっとも本格的な西洋絵画であった。

とはいえ、さて何人の日本人の目にふれたことか。なにしろ等身大の肖像画（しかも立像、しかも豪華な額縁入り）だから、高さ二・五メートルを越え、幅も二メートル近くある。長崎から江戸にまで運んだものの、江戸城でさえ飾る場所がなかった。御殿の壁は可動式の襖か板戸だから、大きくて重い油絵を支えることはできない。むろん、将軍の背後の床の間に掛けることなどありえない。というわけで、櫓に放り込まれたまま明治維新を迎えたらしい（大隈重信『開国五十年史』同発行所、明治四二年）。それに陸軍の誰かが目をつけたのだろう。遊就館に移されて日の目を見た。

九段坂を下りながら、このまま二九年後の震災と五一年後の戦災でほとんどが失われることになる東京の建物を見て回りたいと思ったが、今日中に戻れなくなっては困ると考え直し、再び上野公園へとやってきた。

池の真ん中には焼討ちされた二隻の軍艦の残骸が残り、まだくすぶり続けている。定遠の残骸を持ち帰りたいと思った。九州は太宰府天満宮の境内にある定遠館と呼ばれた建物を思い出したからだ。名前に違わず、その建物は定遠の部材を用いて建てられた。それに比べれば、目の前で白い煙を上げている定遠はニセモノの定遠だが、正真正銘、ニセモノの定遠のホンモノの部材ということになる。東京のど真ん中で行われた模擬海戦をわざわざ見に来た旅に、これほどふさわしい土産はない。などと、寒風に吹かれながら考えてはみたものの、さすがに冷たい池の中に入る気にはなれなかった。

きのうとは打って変わり、きょうは会場の後片付けをする人の姿しか見えない。馬見所に近寄り、おととい着いた場所を探した。ゴミが散乱してずいぶんと汚い。このあたりだと思う場所を選んで腰を下ろし、時計を進めることにした。

定遠引揚げ

ホンモノの定遠が撃沈されたあとの話をしよう。威海衛湾内に沈んだままの定遠が引揚げ可能だと知った福岡県の前代議士小野隆助が名乗りを挙げ、その許可を大本営から得たと、来年六月一一日の『読売新聞』が報じることになる。しかし、その一週間先には、いくら浅瀬に沈んだからといって、引揚げて修繕すれば多額の費用がかかる。それは定遠をもう一隻建造する費用のおよそ六割に達するだろうという海軍関係者の談話を伝える（同紙六月一八日）。それでも、小野は挫けず引揚げ事業に着手したようで、翌明治二九年七月二五日の同紙がその消息を教えてくれる。

すなわち、定遠はほとんど海面にその姿を見せているとはいえ、船腹を水雷にやられており、引揚げはきわめて困難、やむを得ず解体して、部材のみを取り出すことにした。それが九州に送られて、太宰府天満宮境内に戦勝を記念した定遠館を出現させることになる。

天満宮のご好意で、定遠館の中に入れていただいたことがある。その時は骨董商に貸し出されていて、定遠館は昭和玉手箱と名を変えていた。色鮮やかなブリキやプラスチックのおもちゃに埋もれた館内を歩きながら、たしかに船室の扉や棚が転用させていることを目にしたものの、おもちゃの方も気になって、案内に立ってくれた神職の目を盗んで、小便小僧とシンバルを叩くサルを買ってしまった。

閑話休題、定遠館の門扉には穴だらけの鉄板が用いられていた。砲撃にさらされた定遠の部材だ。これに似たものを各地で時々見かける。蜂の巣になった鉄板は激戦の証であり、勝利の証だった。

横須賀でも見た。ドブ板通りを抜けて坂道を上ってゆくと諏訪神社がある。急な石段を上り切った裏山からは、かつての軍港が見渡せたはずだ。そこはちょっとした公園になっており、ひときわ立派な台座の上には明らかに場違いな一本の街灯が立っている。もとは海軍工廠殉難職工の招魂碑だったが、戦時中の金属供出で姿を消した。公園には動物園もあった。クマの檻あとには「動物愛護の碑」が横須賀市動物愛護協会と

定遠館現状

「鉄板の記念碑？」現状

横須賀三浦獣医師会によって建てられている。

その傍らに、正体不明の被弾鉄板が、しかし明らかに記念碑というスタイルで直立している。市当局は立て札を立て、こんなふうに呼びかけている。

「教えてください！　ここの、穴の開いた鉄板の記念碑？の情報を知っている方は、下記にご連絡ください。由来が分かりましたら、説明板を設置いたします。横須賀市土木みどり部（市役所二号館六階）緑地管理課」

謎は解かれないままだが、定遠か鎮遠のにおいがする。

鎮遠回航

再び町に下りて、米軍基地のゲート前を抜けてしばらく歩くと、岸壁に戦艦三笠の姿が見えてくる。ここにも穴だらけの鉄板がある。三笠ゆかりであれば、いうまでもなく日露戦争のものだが、ロシア海軍巡洋艦バヤーンから奪った一枚は舷側の外に転がされ、甲板に置かれた三笠の被弾鉄板は灯籠のかたちに加工されている。後者は、呉鎮守府から伊藤博文に贈られたという由緒を持ち、伊藤邸の庭にあったらしい。

三笠には鎮遠の砲弾も展示されているが、こちらは戦利品ではない。鎮遠自体は戦利品であるが、そのまま日本海軍に編入され、日露戦争では日本の戦艦として戦っているからだ。

沈没を免れた鎮遠は、旅順での修理を終えると、長崎を経て横須賀に回航された。そして、明治二八年八月五日より一般に公開された。鉄道のみならず、東京から汽船で行く便も用意された。横須賀は五日間にわたってまるで祭りのような騒ぎとなった。やはり、「人目を惹きたるは艦体に殆んど蜂窩の如く受けたる弾痕なり、仔細に数へ来れば其数実に四百余七」（同紙八月七日）であった。

日本海軍が使いこなすためには、さらに本格的な修理が必要だった。不要とされた艦材がどのように鎮遠を離れたかは定かでないが、少なくともその錨は、明治二九年に不忍池畔に置かれたほかにもまだあった。

修験者として出発、無縁仏を祀ることを使命と考えて教団「福田海」（不思議な名前は聖徳太子の四福田にちなむ）を開いた中山通幽が、たまたま猪原庄五郎『噫鎮遠』（明治出版社、大正元年）

を読んで感銘を受け、鎮遠の錨を祀りたいと望んだ。

その理由は福田海の教義と深く関わるのだが、中山によれば「すべて不足を持ったものを祭祀供養してゆくのは福田海の役」であり、無縁仏ばかりではなく、殺された牛馬や伐られた樹木にも目を向ける。船というものも「その最後はまた憐れである。即ち、ばらばらに解体されて最後の一物まで人に利用されてしまう。或は海軍の砲撃演習の標的とされ、撃たれて海に沈められるのである。船の持つ不足やまた思うべきである」。そこで、「誰に頼まれたわけのものでもないが船霊を供養することは補天の業をなす福田海の責務」だと考えた（『中山通幽尊師の一代とその思想』福田海本部、昭和四九年）。錨は船の遺骨であり、錨の本性が不動であるゆえに、不動岩の上に祀って南無不動明王を唱えるべきだという。こうして、大正一四年（一九二五）に、大阪安治川の海船業者のもとにあった鎮遠の錨は中山の手に渡り、現在は岡山吉備津の福田海本部の大岩の上に大切に祀られている。

明治の日本人が何を考えていたかを知ることは難しい。三日間の旅でもほんのひと握りの人としか言葉を交わしていない。上野の山を埋め尽くした彼らは別世界の住人だと思うこともあれば、いや現代人と変わらないと思うこともあった。これからのちに不忍池海戦が再現されるとは思わないが、何かのはずみで、東京市祝捷大会は別の姿で催されるかもしれない。栽松碑

「鎮遠之錨」碑の発見

のような不忍池畔に残されたわずかな痕跡は予兆であるかもしれない。

鎮遠之錨

「こんなところでいつまで寝てるの」という声に目を覚ますと、上野動物園のKとNが栽松碑の傍らににやにやしながら立っていた。

「さっきまで明治二七年の東京に行っていたのですよ」

「何を寝ぼけたこと言ってるの。それよりも、面白いものが出てきたからついておいで」と言って、ふたりは動物園の奥に向かってすたすた歩き始めた。案内された先には、大きな石碑が土中に横たわっていた。落ち葉がかぶさっている。一般には立ち入れない場所である。

そういえば旅に出る前に、「栽松碑のこと、上野動物園の誰ひとり知らないの?」とからかったことを思い出した。それで発奮したふたりが園内を歩き回って探し出したらしい。

「鎮遠之錨」と刻んだ文字が見える。いっしょになって土を取り除くと、側面からさらにこんな文字が現れた。

「清国軍艦鎮遠号は黄海々戦に於ける敵の最新鋭主力艦にして、北洋艦隊の降伏と共に我が艦隊に編入せられ、帝国海軍興隆の歴史上永遠に記念すべきものである」と書き出したあと、連載冒頭で紹介した『臨時増刊風俗画報 新撰東京名所図会第二編 上野公園之部下』の一節を引用し、つぎのように結ぶ。

「而も半世紀の経過に、松、竹は枯れ、木札は朽ち、錨の由来も全く尋ね難くなつてゐるので、茲に大東亜戦争最初の海軍記念日に当り新たにこの碑を建てる。昭和十七年五月廿七日　くろがね会　青山石勝刻」

人は本当に忘れっぽいものだ。

「こうなれば、ひっくり返して裏も見たいね」

しかし、石碑はあまりにも大きく、簡単には動かせそうにない。ちょうど近くでカバが閑そうにしていたので、「カバに引かせようか」と言ったら、ふたりは声をそろえて「そんなバカな！」

そこをひっくり返してどうすんだ！

だから、石碑は今も半ば埋もれたままだ。

おわりに——明治二七年の東京から戻って

近くて遠い、短くて長い旅だった。

上野の大学に学び、今は本郷の大学に勤める私にとって、上野は身近な場所でありつづけた。数年前からは動物園の世界にのめり込み、上野動物園の年間パスポートを購入、週に一度は上野駅で降り、動物園を通って職場に向かう。明治のころと異なり、現在の動物園は不忍池の一部を園内に取り込んでいるから、うまいぐあいにそのまま本郷へと抜けることができる。

園内の池に臨んだカフェテラスで過ごす時間が楽しみのひとつだが、ある時、傍らに立つ一基の石碑「栽松碑」（明治二九年建立）を見つけたことが、この旅に出るきっかけとなった。それは台湾での戦死者の慰霊碑だった。たまたまそのころ、台湾を訪れる機会が重なった。明治七年（一八七四）の台湾出兵のことを調べていた。たった一日で終わった「石門の戦」の様子は、下岡蓮杖によって巨大な油絵に描かれ、二年後に浅草寺境内の茶屋で公開された。絵は靖国神社に現存する。東京日日新聞の記者として従軍した岸田吟香がそこを「油絵茶屋」と呼んだことから、拙著『美術という見世物』（講談社学術文庫）のサブタイトルには「油絵茶屋の時代」を採用した。しかし、台湾の戦争図が東京の盛り場で見世物になったことの意味までは深追いせずに終わった。

日清戦争はそれから二〇年後の出来事である。今度は、不忍池で海戦が再現された。もちろん、同じ対外戦争とはいえ、日清戦争の規模は台湾出兵の比ではなく、戦争を伝える絵画や彫刻、版画や写真、歌や芝居が巷にあふれかえった。いずれもが戦争をこの目で見たいというひとびとの要求に応えるものだが、明治二七年（一八九四）一二月九日に上野公園を会場に開かれた東京市祝捷大会はそれらが凝縮した場に違いないと思った。

コーヒーを飲みながらぼんやりと現代の不忍池を眺めているかぎりでは、この場所に渦巻いた熱狂は想像もつかない。明治二七年の日本人が何を考え、何に一喜一憂していたかも理解し難い。そこで、こちらから出かけることにした。だから近くて遠い旅なのである。

たまたまミネルヴァ書房が新雑誌『「究」』を立ち上げるというので、岸田吟香にならって、特派員にしてもらった。「ある日の日清戦争　東京市祝捷大会参加レポート」というタイトルで、二年（二〇一一年四月〜二〇一三年三月）にわたって明治二七年の東京に滞在し、たった一日のイベントの現地報告を続けた。だから短くて長い旅なのである。
途中しばしば、平成の京都より電報で指示を伝えてくださった編集者の堀川健太郎さんに感謝申し上げる。その堀川さんが「ある日の日清戦争では何のこっちゃわからん」というので、前著になぞらえ、書名を『戦争という見世物』にした。

「栽松碑」は、日清戦争に引きつづいて起こった台湾領有戦争での死者に捧げられたものだ。その傍らには清国海軍の戦艦鎮遠の大きな錨が置かれた。浅草から上野へと場所を変えたもの の、「油絵茶屋の時代」は「不忍池海戦の時代」へとつながっているように思う。

連載終了間際になって、ついに「鎮遠之碑」を見つけたという知らせが飛び込んできた。留守の間にせっせと園内を掘り返し、探し出してくれた上野動物園のK＆Nこと、小林和夫さんと中川成生さんにも感謝の言葉を捧げたい。それに、明治二七年の東京へ行ったっきりもう戻って来ないんじゃないかと心配してくれた読者のみなさんにも。

二〇一三年九月

木下直之

資料

東京市祝捷大会の主催者である東京市祝捷大会は、大会終了後半年が過ぎた明治二八年五月三日に、公式報告書『東京市祝捷大会』（著作兼発行者 土田政次郎、印刷者 佐久間衡治、印刷所 株式会社秀英舎）を非売品として出版した。そこには、発起から収支会計決算までの一部始終が記録されている。このうち、大会の儀式における発起人総代、会員祝辞、各界からの祝辞・祝電などの一部を本書に掲載し、当日の雰囲気を味わってもらうことにした。なお、報告書には、江木商店（神田区淡路町二丁目）の撮影になる一二点の写真が添えられているが、それらもすべて収録している。さらに、主催者は『東京市祝捷大会景況写真帖』を五部作成し、四部を皇室に献上、一部を記録として手許に残した。これとは別に、『東京市祝捷大会写真帖』が江木商店から定価一円五〇銭で販売された。

東京市祝捷大會

發起成立及準備

維時明治廿七年八月一日我　皇清國に對して宣戰の大詔を降し給へり膺懲の師一たび海を渡りてより戰へば捷ざるなく攻むれば取ざるなく急電日に吉を齎して一報は一報よりも快なり是に於て萬民歡呼の聲大八洲の四隅に徹し特に我東京市民の如き或は國旗を搴げ或は太白を泛べて祝意を表するの唯人に後るゝを恐れたりき然れとも此祝捷や人々唯自家敵愾の氣を飽かしめ唯自家歡喜の情を漏したるに過ぎざるべく其目して以て市民の祝捷となすべからざるや的なり猶ほ是れ精神の一致を缺ける清國に千萬卒ありて曾て一軍隊なきが如く我東京にも亦千様萬種の私情ありて曾て一の民意なしと謂ふべき歟　皇軍の常に大利ある所以の理を求むるに亦所謂精神一致の之を致すに外ならず而して其精神の結合力に富める日本帝國の首都たる我東京市にして肇國以來未曾有の大盛事を祝するなくんば獨り市民の欠典となすべきのみならず誠に日本帝國の大耻たるなり抑亦何を以てか國民の誠衷を發揚し以て國の內外に表示するを得んや否此心は既に已に市民の胸臆に磅礴せるなり但未だ之を口に發して之を事に見る能はざりしのみ

越て十月廿九日、議は果して市の一角に提せられたり斯日京橋區竹川町花月樓に開かれたる東京商工相談會評議員會は其席上に於て東京全市有志の合同を以て此際第一回戰捷祝賀兼示威大運動會を開設せんことを議決し先づ以て之に關する諸般の調査及方案を定むるが爲め假委員として園田孝吉、大倉喜八郎、横山孫一郎、田中平八、梅浦精一の五氏を撰擧し又其事務を擧げて土田政次郎氏に委托すること、なし繼で十一月二日を以て再び同樓に協議會を開き大倉喜八郎、横山孫一郎、田中平八、大江卓、佐久間貞一、喜谷市郎右衛門、梅浦精一、萩原源太郎、土田政次郎の諸氏出席して是より先き土田氏の草案に係る戰捷祝賀會の規程及儀式其他の方法書を假議決し土田氏の外更に萩原氏にも本會の事務を委托し且各々手を分ちて發企人を誘導募集するとを決す斯日又本會を東京市祝捷大會と號するとに決し始めて左の趣意書を發表す

祝捷大會ヲ發企スルノ趣意

東京市民有志合意ノ大集會ヲ以テ。我皇軍ノ大捷ヲ祝セント望ムコ。即チ此祝捷大會ヲ發企スルノ趣意ナリ』惟ルニ本年初夏ヨリシテ。韓山ノ風雲荐リニ險惡ノ狀ヲ呈シ。淸國漫ニ無法ノ干渉ヲ雞林ニ試ミ。國際ノ通規ヲ蔑視シ。條約ノ成文ヲ冒瀆シ。遂ニ皇旗ヲ汚辱スルニ至レルガ爲ニ。

天威震怒。宣戰ノ　大勅ヲ降シ玉ヒ。陸海整旅。直ニ征討ノ膺懲ニ從ヒ。萬民皆憤惋シテ敵愾ノ心ヲ起シ。佇立シテ捷報ノ來ルヲ俟テリ』夫我
皇軍ノ旗ヲ搴ルヤ。我ヨリシテ戰ヲ挑メルニ非ズ。事不得止ニ出デ、彼ニ應ジタルナリ。修交ノ誼ヲ重ジテ。朝鮮ノ獨立ヲ保庇シ。高義ニ據テ立ツノ義戰ナリ。戰勝ノ結果ヲ以テ。東洋ノ形勢ヲ一變シ。以テ永遠ノ平和ヲ保維スルガ爲ニスルノ正軍ナリ。歷史アリテヨリ以來。世界ニ於テ未ダ曾テ此ノ如キ名實倶ニ公明正大ナル戰爭ヲ見ザルナリ。』果セル哉陸海
皇軍ノ向フ所。敵兵皆敗レ。陸ニシテハ成歡、牙山、平壤、九連、鳳凰ノ大捷アリ。海ニシテハ豐島、海洋島ノ大捷アリテ。連戰連勝。已ニ朝鮮八道ヨリ淸兵ヲ驅逐シテ。直ニ盛京ノ敵地ニ入リ。金州方ニ陷ルニ向ントシテ。奉天、旅順ノ我占領タル將ニ數日ニ在ントス。況ンヤ黃海已ニ我有ニ屬シテ。渤海モ亦敵艦ノ煤烟ヲ見ザルニ於テヲヤ。』抑モ今度ノ戰爭タル。宇內各國ノ環視スル所タリ。東洋安危ノ關繫スル所タルヲ以テ。事躰重大。禍福利害ノ由リテ分ル、ノ機ナリトス。然ルニ
皇軍ノ大捷正ニ斯ノ如クニシテ。坤輿萬邦ヲシテ。日本帝國ノ威力兵勢ノ强大ナルヲ實證セシメ。益々畏敬ノ念ヲ加ヘシムル者ハ。我ニ在リテハ素ヨリ當然ノ事ナリト雖𪜈。彼ニ在リテハ蓋シ豫想ノ外ニ出タルモノ歟。他日全勝其局ヲ全クシテ戡定ノ日ニ到ラバ。我

日本帝國ノ名譽實權ハ。啻ニ東洋ニ於ケル而已ナラズ。延テ以テ世界ニ映ズル。其幾許ナルヲ知ラザル可シ。是寔ニ
聖天子ノ威靈ニシテ。陸海軍ノ勳績ニ出デ。加ルニ廟堂ノ參畫其宜ヲ得ルニ由ルト雖𪜈。我全國人民ノ元氣ノ旺盛ナル。與リテ力アルニ由ルナリ』此時ニ當リ帝國ノ首府タル我東京ニシテ。此戰捷ヲ祝スルニ遲々セバ、何ヲ以テカ敵愾心ノ盛ナルヲ表スルヲ得ンヤ。若夫
聖天子　ノ皇威ヲ敬祝シ奉リ。陸海軍ノ戰功ヲ彰謝スルノ擧ハ。謹テ他日ヲ期ス。今日ニ於テハ先ツ連戰連勝ノ祝捷ニ在リ。其方法ハ載セテ別册ニ詳ナリ。希クハ有志諸君同感ヲ表シテ來會セヨ。

維時明治二十有七年十一月上澣

東京市祝捷大會發企人一同

十三日帝國ホテルを以て假事務所とす越て十五日三浦府知事及楠本市會議長の發企贊同を得たり本日より市内の各新聞紙に廣告をなす
二十二日、是より先き有志者の發企贊同を得ること已に七百餘名に及び且數回の協議を遂げて大會の準備着々歩を進め來れるを以て斯日午後三時日本橋區濱町壹丁目日本橋倶樂部に發企人會を聞く會する者二百餘名、大江卓氏先づ開會の趣旨を述べ次に全會一致を以て奧三郎兵衞氏

を當日の會長に推し土田政次郎氏發起事務の經過を報告す續て議事に移り大會の規程、儀式、會計豫算其他の事項に就き一二修正の外は全會一致を以て悉く原案を可決す左に記事の順序によりて特に大會の規程を掲ぐ

東京市祝捷大會規程

一　本會ハ東京市祝捷大會ト稱シ假ニ事務所ヲ麴町區內山下町一丁目帝國ホテル內ニ置キ追テ本事務所ヲ上野公園內便宜ノ地ニ設クベシ

二　本會ハ東京市民合同シテ大運動會ヲ開キ誠實ニ戰捷ノ祝意ヲ表彰シ兼テ國民ノ一致ヲ表示シ征淸ノ軍氣ヲ皷舞スルヲ以テ目的トス

三　何人タルヲ問ハズ滿十五歲以上ノ男子ハ本會ノ會員タルヲ得

四　會員タラント欲スル者ハ會費トシテ一人ニ付金五拾錢ヲ出金シ會券會章及晝餐券を領得スベシ

但發企人ハ別ニ會費ヲ要セズシテ會員ノ資格ヲ有スルモノトス

五　團躰ニシテ會員タラントスル者ハ先ツ代表人ヲ定メ前條ノ手續ヲ爲スベシ

六　會券ハ市內便宜ノ場所ヲ選ミ數ケ所ニ於テ之ヲ交付スベシ

但其場所ハ追テ新聞紙ヲ以テ廣告スベシ

七　會員ハ大運動會ニ出席シ祝賀ノ儀式ニ參與スルヲ得
八　本會ハ其目的ヲ達シタル後直チニ解散スルモノトス
九　本會ノ發企人ハ經費補辨ノ爲メ金五圓已上ヲ寄附スル者又ハ特ニ本會ノ創設ニ盡力スル者ヲ以テ組織ス
十　發企人ハ自ラ委員ノ任ニ當リ會務ヲ處辯スルモノトス
十一　委員中ヨリ互選ヲ以テ委員長一名ヲ定ム
十二　委員長ハ本會ノ會務ヲ總理ス
十三　委員ハ此規程ノ趣旨ニ基キ大運動會解設ニ關スル諸般ノ手續ヲ議定スルヲ得
十四　大運動會開設ノ日時場所及祝賀ノ儀式等ハ委員之ヲ定メ新聞紙ヲ以テ廣告スベシ
十五　委員ハ必要ノ塲合ニ於テハ委員中ヨリ若干名ノ專務委員ヲ撰ミ會務ノ專行ヲ全任スルヿヲ得
十六　本會ノ經費ハ會費及有志者ノ寄附金ヲ以テ之ヲ支辨スベシ
十七　本會ノ收入支出ハ追テ決算ノ上新聞紙ヲ以テ廣告スベシ
十八　本會々費及寄附金ノ一部ヲ以テ大運動會開設ノ祝意ヲ表スル爲メ東京市ヨリ從軍シタル兵士ノ家族ヘ物品又ハ金員ヲ贈與スベシ

十九　收支決算ノ上過剰金アル時ハ之ヲ貯蓄シ置キ他日凱旋ノ時ニ於テ凱旋祝賀會ノ經費ニ供スベシ

二十　此規程ハ發起人會ノ合議ヲ以テ之ヲ修正加除スルヲ得

又大江氏の發議により委員長及專務委員の撰擧は總て會長の指名に托するとに決す會長は依て左の如く指名せり

委員長及專務委員

委員長　三浦安君

庶務專務委員　園田孝吉君　仁杉英君　梅浦精一君

田中平八君　大倉喜八郎君　星松三郎君

渡邊治右衛門君　西野寛司君　中野武營君

喜谷市郎右衛門君　横山孫一郎君　大江卓君

萩原源太郎君　山田藤吉郎君　今村清之助君

山中隣之助君　檜山鐵三郎君　佐久間貞一君

中島行孝君　土田政次郎君

會計專務委員　奥三郎兵衛君（全會推撰）　岡本善七君

土田政次郎君（兼務）

次に山中氏の發議により各區長も亦委員に加はり諸事斡旋の勞を取られんことを委員長より依頼することに決し午後四時散會す而して東京市祝捷大會は玆に全く成立を告ぐ
翌廿三日午後五時より專務委員會を假事務所に開き審議の上左の事項を議決す

一　戰捷祝祭及儀式順序　　二　會劵及各紀章
三　晝餐及晝餐劵　　四　會員集合順序及場所
五　會場裝飾及準備　　六　赤十字社野戰病院
七　分捕品陳列　　八　樂隊招聘
九　各種餘興　　十　警備
十一　醫務　　十二　寫眞
十三　寄附金徵集及預金銀行　　十四　市内從軍兵家族慰藉
十五　各鐵道會社割引照會　　十六　事務所移轉

尚祝捷大會開設日を十二月九日と定め會場には上野公園及不忍池畔の馬見所を借入る事、大會の日　兩陛下の御眞影を敬拜することに定め、其拜戴の手續幷に　皇太子殿下を始め奉り皇族諸殿下の御臨場を仰くの手續は三浦委員長に委托する事、二十二日の議決に基きて各區長に

出狀し會員募集の斡旋を依賴する事等重要の件も亦斯日に於て議決せらる

二十六日事務所を上野公園內櫻雲臺に移す是れより先き二十三日の議決により直ちに諸般出願照會等（別項に詳記す）の手續きをなせしに廿九日宮內省より　御寫眞奉拜の事を許され三十日警視廳より大會に付飾付及無彈發砲を許され十二月一日帝國博物舘より大會を上野公園內に開設するゝを許され三日日本赤十字社より公衆縱覽の爲め野戰病院の開設を承諾され又陸軍省より分捕品の拜借を許され四日警視廳より綠門裝設及電燈建設を、又六日日比谷練兵場に於て煙花打揚を許され七日市參事會より瓦斯管埋布を許され而して八日に於て大會の當日　皇太子殿下御臨場の旨仰出されたり

初め發企人の賛同を得し者十一月二十二日の總會の當時已に七百餘名に及びしが是に至りて實に八百餘名となれり左に其姓名を列記す

發企人名並寄附金額（金額多きを上に記し同金額はいろは順）

金百圓	東京商工相談會	金五拾圓	江木保男君	金三拾圓	東京株式取引所
金三拾圓	東京馬車鐵道株式會社 牟田口元學君	金三拾圓	東京米穀取引所 米倉一平君	金三拾圓	大倉組 大倉喜八郎君
金三拾圓	三井八郎右衛門君	金三拾圓	澁澤榮一君	金貳拾六圓七拾六錢	木村莊平君

金貳拾五圓　堀越角次郎君

金貳拾五圓　東京倶樂部　日置兵一君

金貳拾五圓　三井高保君

開會

明治廿七年十二月九日、方に是れ忠誠なる東京市民が其大歡喜の情を舒べ以て我　天皇陛下の萬歲を頌歌し以て我陸海貔貅の勳功を彰謝し以て我日本帝國民の大決心を宣示するの日は來りぬ待ちに待ちたる祝捷大會は開かれたり是より先き本會は十一月廿二日の決議に基き左の會員心得書を公けにせり

會員心得

一會員入場ハ午前九時ヨリ十時迄ノ事
一會員入場ノ節並ニ入場中ハ可成帽子ノ前面ニ會券ヲ挾マレ度事
一會員會場ニ入ルニ當リ組合ヲ爲シ旗其他各團體銘々ノ目印ヲ立テ、行列ヲ爲スガ如キハ隨意タルベキ事
一會員日比谷公園ヨリ會場ニ向テ進行ノ際ハ大國旗ヲ眞先ニ押シ立テ樂隊ヲシテ新作『旭日旗』ノ唱歌ヲ奏セシムルニ付會員一同之ニ唱和スル事（唱歌ハ後ニ附記ス）
一會員入場ノ時ハ會券ヲ受附ニ示シ會章ヲ受取リ胸邊ニ附スル事
一發起人ニハ別ニ會券ヲ交附セザルニ付兼テ渡シ置ク所ノ發起紀念章ヲ失念ナク胸邊ニ附シ

入場スル事
一會場内ニハ各區内會員又ハ各團躰會員整列便利ノ爲メ目印ヲ立テ置クニ付各會員ハ隨意其目印ノ場所ニ集合セラルベキ事
一發起人ハ馬見所前ニ區畫セル廣場ニ集合セラルベキ事
一宮城前ニ於テ會員整列ノ節及ビ會場内ニ於テ儀式執行ノ節寫眞撮影ヲ爲ス事
一會員ハ儀式ヲ終リタル後晝餐渡シ所ニ於テ晝餐券引換ニテ酒餐（盃ヲ添フ）ヲ受取ル事
　但各團躰ノ如キ多人數ノ組合ニシテ總代人ヨリ晝餐券ヲ一纏メト爲シ酒餐受取方ヲ申込マル、トキハ其數ニ應シタル酒餐（盃ヲ添フ）ヲ一括シテ渡スコトアルベシ
一會員酒餐ヲ受取リタルトキハ會場内外各所ニ設ケタル休憩所又ハ各自適宜ノ場所ニ於テ隨意ニ飲食セラレ度事
　但休憩所近傍ニハ會員湯呑所ノ設アリ
一儀式執行濟ヨリ閉會ニ至ル迄ノ間會員ハ公園内各所ニ催ス餘興ヲ觀覽シ會場ヲ出入スルハ隨意タルベキ事
一當日ハ　皇太子殿下皇族諸殿下等貴賓ノ御臨駕アル筈ニ付會員ハ入場中可成整肅ニシテ不敬ノ擧動ナキ様注意セラレ度且ツ取締上必要ノ件ハ總テ委員及ヒ警官ノ指示ニ從ハレ度事

一當日ハ衛生保護ノ爲メ式場側及ヒ商品陳列舘前ニ特志醫員出張所ノ設ケアルニ付萬一怪我發病等アルトキハ右兩所ニ就キ醫員ノ治療ヲ受ケラレ度事
但當日ニ限リ醫員ノ謝儀及ヒ藥價ヲ要セズ
一當日ハ多人數雜遝ヲ避クル爲メ上野公園入口ハ車馬止トナシ會場內ニハ別段車馬置場ノ設之レナキ事
一諸般準備上ノ都合アリ雨天順延シ難キニ付當日ハ晴雨ニ拘ラズ開會ノ事
一當日ノ盛儀ヲ祝スル爲メ祝文ヲ差出サント欲スル有志者ハ午前八時迄ニ本會事務所ヘ送附セラレ度事
但右祝文ハ儀式次第ニ記載セルモノ、外朗讀ヲ爲サズ追テ專務委員會議ニ於テ之ヲ撰定シ大本營ヘ進達スルヿアルベシ

唱歌『旭日旗』　二上リ調

福地源一郎作
音樂俱樂部製曲　杵屋正次郎調

第一章

あさひのみはた　あさひのみはた

さかまく波《なみ》の
かすみへだつる
ひかりかゞやく
わがおほ君の
わがますらをの
むかふかたきの

第二章

あさひのみはた
きみのめぐみを
國《くに》のひかりを
われをさきにと
敵《てき》のしろ〳〵
敵《てき》のふね〳〵

うみの外《そと》
國《くに》までも
いきほひは
かしこき御稜威《みいづ》
いやたけごゝろ
あるべきか
帝國萬歳　萬々歳

あさひのみはた
いたゞきて
かたにきて
はせすゝみ
つゞけておとし
微塵《みぢん》にくだき

かちにかつたる　かちいくさ
帝國萬歳　萬々歳

第三章

あさひのみはた　あさひのみはた
世《よ》にたぐひなき　日《ひ》のもとは
忠義《ちうぎ》ひとつが　たましひぞ
わらべをとめに　いたるまで
君《きみ》のためなら　いのちをすてよ
くにのためなら　身《み》ををしむなよ
あさひににほへ　山《やま》ざくら
帝國萬歳　萬々歳

斯日朝來瞳旭を見ざりしが人士は天上の雲よりも多く來集せり其勢揃進行及入場の順序は左の如し

一午前七時三十分會員一同日比谷公園ニ集合シテ勢揃ヲナス

但號砲二發ヲ合圖トナシ同所ヲ進發シ貴族院脇ヨリ外務省前ヲ通リ櫻田門ヲ入リ宮城前ニ向テ進行

一午前八時宮城前ニ整列

但會員整列ノ上　兩陛下萬歳ヲ三唱シ夫ヨリ和田倉橋ヲ渡リ控訴院前ヲ經テ吳服橋ヨリ西河岸ニ出テ日本橋ニ至リ大通リ萬世橋舊御成道ヲ通リ上野公園會場ニ向テ進行

一午前九時上野公園前ニ於テ整列

但號砲二發ヲ合圖トナシ會員一同鯨波ヲ上ゲ夫ヨリ摸造玄武門ヲ通リ忍坂ヲ經テ會場ニ乘込ム

行列は蜿蜒として十數町に綿亘し先隊巳に日本橋に及んで後隊は尙ほ日比谷公園を出でず各々鳳闕の前に至りて恭しく　陛下の萬歳を三唱し奉り樂隊の吹奏に和して行々新製の唱歌『旭日旗』を歌ひ連れつゝ頓て摸造玄武門に達するや一行踴躍の情、色に動くを見たり斯くて來會せる會員其他の諸員は巳に各々其位置に就けり左しも廣濶なる競馬場も幾んど復た寸地を留めざるに至り滿地悉く是れ人にして滿場却て人影を認めず唯見る黑半環なる池邊の天には大旆小旗各〻其色に誇りて林の如く霞の如くなるを、頓て儀式は始まれり

儀式順序

一午前十時儀式執行ヲ始ム

但號砲二發ヲ合圖トナシ會員一同整列

奏　樂

兩陛下御寫眞拜禮　　會員一同

奏　樂

東京市祝捷大會發起趣意書朗讀　　發起人總代

祝文朗讀　　市長

祝文朗讀　　市會議長

祝文朗讀　　東京商業會議所會頭

祝文朗讀　　東京商工相談會總代

祝文朗讀　　東京諸新聞社總代

奏　樂

戰捷祝祭執行　　神官

奏　樂

天皇陛下萬歳　三唱　發聲　三浦安君　會員一同
皇后陛下萬歳　一唱　發聲　三浦安君　會員一同
皇太子殿下萬歳一唱　發聲　三浦安君　會員一同
帝國陸海軍萬歳一唱　發聲　三浦安君　會員一同
帝國萬歳　三唱　發聲　三浦安君　會員一同

奏　樂

右終リテ號砲二發ヲ合圖トナシ儀式ヲ終結ス

以　上

肅々たる御肖像の拜禮に次ぐに快活なる祝文朗讀を以てし祭儀之に次で管籥嚠喨、忽ち萬歳の聲となりて神に通じ靈を動かし場に溢れ市に滿ちて征旅の軍氣を奬め敵國の肝膽を寒からしむ東京市民の聲、是に於てか大も亦極まれり祝捷の典、是に於てか盛も亦至れりと謂ふべし式の正に酣なるころ恰も　皇太子殿下の御臨駕ありて場は一段靈活の氣を加へたり（御臨駕御遊覽の御摸樣は別項に詳記し奉る）左に發企人總代朗讀の趣意書及諸氏朗讀の祝辭を掲ぐ

發企人總代朗讀趣意書

來會諸君

諸君ト相倶ニ此大會ヲ爲スノ今日ニ於テ我々發企人等ハ感喜ノ情自ラ禁ズルヿ能ハズ諸君願クハ少シク清聽ヲ假シテ我々ガ演ブル所ヲ聞ケヨ此祝捷大會ノ趣意ハ我々巳ニ發企趣意書ヲ以テ開陳シタル所ナレバ諸君ハ明カニ之ヲ賢諒シ玉ヘリト信ズル也

凡ソ國ノ遠近ヲ問ハズ時ノ古今ヲ論ゼズ歷史アリテヨリ以降我今日討清ノ如キ公明正大ナル義擧アルカ戰ヘバ輙チ勝チ攻ムレバ輙チ取ルノ大捷アルカ朝鮮ノ國步方ニ艱難ナルニ際シ彼滿清ハ强大自ラ恃ミ韓廷ヲシテ巳ガ隷屬タラシメ八道ノ山河ヲ擧ゲテ其版圖ニ加ヘント欲シ陰謀脅制至ラザル所ナク朝鮮獨立ノ命脈幾ト縷ノ如クナリキ我レ隣邦ノ好誼ヲ以テ之ヲ扶持保護セントスレバ彼レ國際ノ通規ニ背キ條約ノ成文ヲ犯シテ遂ニ我國旗ヲ汚辱スルニ至レリ我ガ國民ノ憤惋ハ發シテ　天威ノ震怒トナリ宣戰ノ　大勅ト與ニ陸海整旅シテ直チニ征討ノ膺懲ニ從ヒ成歡、平壤、豐島ノ三大捷ヲ以テ清兵ノ跡ヲ朝鮮ヨリ拂ヒ長驅シテ滿清ノ國境ニ進入シ陸ニシテハ九連、鳳凰、岫巖、海城、金州、大連ノ連捷アリテ旅順口巳ニ我占領スル所タリ海ニシテハ大ニ北洋ノ艦隊ヲ黃海ニ破リ彼ガ艨艟ヲ粉虀シ殘艦ヲ閉息セシメ遼東、渤海、直隷一帶ノ海面ハ我ガ縱橫スル所タリ此建瓴破竹ノ勢ヲ以テセバ遼陽、牛莊、威海、太沽モ亦我兵ノ有ニ歸シ終リ天津、燕京ヲ突テ其咽ヲ扼シ其背ヲ搏タンコト蓋シ將師指顧ノ間ニ在ルヲ知ルナリ斯ノ如キ義軍ニシテ斯ノ如キ連戰ノ大捷ヲ得ルヿ實ニ我ガ天皇陛下ノ神武ナル御威稜ニ由リ陸海軍ノ勇猛ナル勳績ニ出テ廟堂ノ參畵其宜ヲ得ルカ故タルヿ勿論ナリト雖モ抑々全國民ガ敵愾ノ心ヲ以テ之ヲ吹噓スルノ盛ナル豈與リテ力ナシトセンヤ是レ我々ガ分ヲ量ラズシテ此大會ヲ發企シ有志同感の諸君ニ謀リタル所以ナリ然レドモ我々身眇ニシテ望薄シ大方ノ諸君果シテ賛同ヲ諾シテ來臨シ玉フベキヤ否ハ我々ガ竊カニ憂ヲ措ケル所ナリシニ今日ニ於テ此大會ヲ觀ルハ是他ナシ諸君ニ於テハ期セズシテ此想念ヲ同クセラル、ガ故ニシテ我々謹デ厚ク之ヲ諸君ニ謝セザルヲ得ザルナリ

今日ノ祝捷大會ハ我　皇軍ノ全勝ヲ祝スルニ非ズ我　皇軍ハ今日實ニ捷チツ、アルヲ以テ其捷チツ、アルヲ祝スルノ第一回ノ大會ナリ惟ルニ今度討淸ノ戰爭ハ宇內ノ環視シテ我日本帝國ノ實力ヲ見證シ其强大ナルヲ確認シ益々畏敬ノ想念ヲ我ニ加フルト與ニ我　帝國ノ責任モ亦從テ益々其重大ヲ加フルモノアリトス何トナレバ則チ此戰爭ノ終局ニシテ苟モ少シク其宜ヲ得ザル時ハ啻ニ東洋ノ安危ニ關繫スル而已ナラズ延テ以テ歐洲列國ノ進退ニ及ブベキノ勢ヲ爲シ而シテ之ヲ操縱スルノ主動ハ專ラ我　帝國ノ權能ニ在レバナリ然バ則チ今日ノ大會ハ一面ニ於テハ我陸海軍ノ連戰連捷ヲ祝シ一面ニ於テハ是ヨリシテ愈々進ミテ以テ盡ス所アランコトヲ冀フノ大會ニ非ズヤ若シ夫レ事局ノ大勢ヨリ觀レハ今日ニ至ルマデニハ我皇軍ノ戰勝ニ收ムル所ハ其端緒ナリ其結果ニ非ザルナリ所謂戰勝ノ結果ハ我　帝國ノ光榮ト

利益トヲ實地ニ全クスルニ在ルヲ以テ之ヲ收ムルハ實ニ今日ヨリシテ以降ニ在ルベキヲ知ルナリ此重要ナル收利ヲ望ムニ當リテヤ陸海軍ノ戰功ヲ彰謝シ併セテ此冀望ヲ表示スルハ則チ我　帝國ノ首府タル東京市民有志ノ心ニ非ズシテ何ゾヤ諸君ガ我々ト此思念ヲ同クシ玉フコトヲ固ク信ジテ疑ハザル所ナリ希クハ諸君我々ガ今日ノ大會ニ準備スルノ到ラザル所アルヲ咎メズ俱ニ與ニ歡呼シテ我　皇軍ノ戰勝ヲ祝シ其冀望ノ在ル所ヲ表示シ玉ヘ敬デ白ス

明治廿七年十二月九日　　東京市祝捷大會發起人總代　園田孝吉

東京市長其他朗讀祝辭

諸君

茲ニ東京市祝捷大會ニ於テ諸君ト與ニ我

大日本帝國ノ比類ナキ連戰連勝ヲ祝スルヿ安ガ感喜ニ耐ヘザル所ナリ

皇軍滿淸ニ事アリテヨリ以來其勝報ニ接スル毎ニ相會シテ之ヲ祝セント欲スルノ念ハ常ニ安ガ懷ニ徃來シテ頻ナルニ發起人諸氏先ヅ導火線ト成リテ之ヲ發議シ其斡旋ノ勞ヲ執リ今日ノ盛擧ヲ観ルハ安ガ喜ヤ啻ナラザルナリ來會ノ有志諸君モ亦皆其感ヲ同クセラル、ヲ知ルナリ

惟ルニ今度ノ滿淸征討ノ戰爭タル名正ク義高ク陸海兩軍ノ勇將猛兵恭シク膺懲ノ

聖旨ヲ奉ジ威武整旅シテ彼ガ專横ノ罪ヲ問フ其正氣ノ凜然タル勝敗ノ機先ヅ未ダ戰ハザルニ決シタリ果セル哉

皇軍ノ向フ所ハ戰フニ敵ナク堅城ヲ陷レ軍艦ヲ摧キ海陸倶ニ進ミ長驅シテ北ルヲ逐ヒ北淸ノ要地我ガ占領スル所トナリ坤輿列邦ヲシテ我强大ナルヲ目擊シ後ニ瞠若タラシメントス我輩悪ゾ相倶ニ此戰勝ヲ祝シ併セテ其終局ノ好果ヲ冀ハズシテ可ナランヤ況ヤ夫

皇軍ニ從ツテ銃ヲ執リ陣ニ臨ミ蓋忠報國ノ赤心ニ其身命ヲ犠牲トシテ顧ミザルノ猛兵勇卒ハ現ニ諸君ノ朋友子弟タルニ於テヲヤ諸君願クハ

皇軍ノ大捷ヲ祝シ更ニ前途ノ大捷ノ益々大ナランヿヲ祈リ我

日本帝國ノ名譽利益ノ此戰爭ノ終局ニ由リテ更ニ益々大ナランヿヲ冀ハレヨ是安ガ望ナリ謹言

明治廿七年十二月九日　　　　東京市長　三　浦　　安

嗚呼大ナル哉

今上天皇陛下ノ德澤嗟呼隆ナル哉四千餘萬同胞ノ幸福吾人何ノ好緣アリテカ此ノ前古未曾有ノ盛世ニ遭逢シタル之ヲ內ニシテハ三千年來我ガ祖先ノ夢想スル能ハザル憲法ノ恩典ニ浴シ參政ノ權ヲ享有シ自治ノ制ニ安堵シ之ヲ外ニシテハ國光ヲ大方ニ輝カシ武威ヲ隣邦ニ揮ヒ以テ

堂々タル大國民ノ規摸ヲ世界ニ宏恢ス吾人何ノ好緣アリテカ此ノ前古未曾有ノ盛世ニ遭逢シタル

惟ルニ家ニ在リテハ孝、君ニ對シテハ忠、文教人ニ普ク尙武俗ヲ成ス之ヲ個人トシテハ剛健ニシテ獨立ノ氣象ニ富ミ之ヲ國民トシテハ殉公報國ノ精神ニ饒ム是レ實ニ日本國民ガ世界ニ獨步スルノ特性ト謂フ可キ也旣ニ此ノ特性アリ以テ大義ヲ天下ニ布クニ足ル加之ナラズ時ハ輿國ノ氣運鬱勃タル雄斷大革新ノ趨勢ヲ趁フ之ヲ上ニシテハ神武聖文ナル不世出ノ天皇陛下ヲ奉ジ之ヲ下ニシテハ忠勇精銳ノ軍隊ヲ擁シ而シテ更ニ一心同躰以テ國家ト存亡ヲ與ニセントスル忠愛義俠ノ國民ヲ有ス一タビ暴ヲ禁ジ亂ヲ戢ムル仁義ノ師ヲ出シ成歡牙山ニ捷チ大ニ平壤ニ捷チ九連城ヲ取リ鳳凰城ヲ取リ金州ヲ畧シ大連灣ヲ畧シテ遂ニ淸國ノ咽喉ニシテ金城湯地ノ固メアリト稱シ東洋無比ノ軍港ト聲言シタル旅順口ヲ陷レ皇師ノ向フ所草トシテ靡カザルナク木トシテ伏セザルナク鐵騎旣ニ北京ヲ指シ軍氣旣ニ四百餘州ヲ呑ム亦宜ベナラズヤ

今ヤ日本ニ對スル世界ノ輿論ハ一變セリ世界ニ於ケル日本ノ地位ハ明カニ定レリ苟モ軍隊、外ニ驕ラズ國民內ニ倦マズ雄圖英畧以テ小成ニ安ンセス同心戮力以テ勝利ヨリ勝利ニ進マバ克捷ノ大目的ヲ達スルニ於テ何ノ難キヿカ之レアラン克捷ノ目的トハ他ナシ淸國ヲ膺懲シ彼

ヲシテ我ニ對シ再ビ禍心ヲ包藏スル能ハザラシムルニ在リ我國ヲシテ東洋平和ノ擔保權ヲ掌握セシムルニアリ而シテ此ノ如ク爲サント欲セバ我國ヲシテ列國ノ間ニ聳峙シ其大勢ヲ制スルノ地位ト勢力トヲ占有セシメザル可ラズ是レ吾人ガ眷々服膺シテ忘ル可ラザル要務ニ非ラズヤ

夫レ路ハ九十里ニシテ百里ノ行之ニ半バシ業ハ九仞ニシテ一簣ノ功之レニ缺ク克ク始メアリヲ克ク終リアルコト鮮シ記臆セヨ今日ノ戰捷ハ其端緒シテ其終局ニ非ザルヲ然ラバ則チ今日ノ盛會ヲ目シテ第一回ノ祝捷會ト稱ス艮ニ所以アル也願クハ此ノ機ニ乘シ更ニ四千餘萬ノ敵愾同仇ノ精神ヲ奮興シ恭ク

今上天皇陛下ノ聖詔ニ奨順シ遠征ノ軍隊ニ對シ斬新雄猛ナル大刺戟ヲ與へ以テ着々終局ノ目的ニ向テ突進セシメ而シテ又當局ノ政治家ヲシテ更ニ善後ノ大計ニ違算ナカラシメンコトヲ事果シテ此ノ如クナラバ今日祝捷會ノ目的聊カ酬イタリト謂フ可シ敢テ愚衷ヲ攄べ祝辭トナス蓋シ是レ亦盛世ノ市民タル義務ニ外ナラザル也

明治廿七年十二月九日

東京市會議員有志總代　楠　本　正　隆

東京商業會議所會員ハ此東京市祝捷大會ニ贊同シテ玆ニ參列スルヲ欣喜スル者ナリ蓋シ交戰

ハ國家ノ事變ニシテ其常經ニ非ザルヲ以テ之ヲ慶祝スルヤ平和ヲ喜ブノ商業者ニ似ザルガ如シト雖ドモ今回ノ戰争タル國家ノ名譽ノ爲ニ國家ノ權利ノ爲ニ不得已シテ起チ以テ滿淸ノ敵ニ應ジタルノ交戰ナリ寔ニ我帝國ノ榮辱、我國民ノ休戚ノ由リテ消長スル所ニシテ其關係ノ重大ナル是ニ過ルハ莫シ然リ而シテ我勇武ナル陸海軍ノ向フ所ハ堅ヲ破リ險ヲ摧キ連勝ノ勢ヲ以テ軍ヲ進メ盛京諸省一帶ノ山河ハ擧テ將ニ我占領ニ歸セントス旭日ノ軍旗高ク其光ヲ天ニ沖シ捷報電傳シテ列國ノ欣羨スル所タリ我輩如何ゾ之ヲ祝慶セザルヲ得ンヤ

此千古ニ比類ナキノ義軍ヲ以テ千古ニ比類ナキノ大捷ヲ得是ヨリシテ更ニ進ンデ終局ノ目的ヲ達シ東洋ノ平和ヲ復スルノ日ニ至ラバ我　日本帝國ノ赫燿タル光榮ト與ニ殖産モ工業モ隨伴シテ進ミ商業ノ利益ヲ增加スルヤ知ルベキナリ然ラバ則チ戰勝ノ影響ハ譬ヘバ迅雷疾雨ヲ以テ酷烈ノ炎暑ヲ洗ヒ大氣ヲ一新シテ淸爽ナラシムルガ如キモノ乎我輩會員ハ既ニ國民トシテハ連戰連勝ノ譽ヲ荷ヒ商業者トシテハ將ニ其結果ノ慶ニ頼ラントス所謂一ヲ求メテ二ヲ得ル者ナリ幸ニ今日ノ大會ニ値ツテ赤心以テ我軍ノ勝利ヲ祝シ前途終局ノ全カラン事ヲ望ミ國家ノ爲ニハ我分ニ應ズルノ義務ヲ竭シテ國民タリ商業者タルノ實ニ背カザラン事ヲ希ヒ敢テ之ヲ言明スト云爾

明治廿七年十二月九日　　　　東京商業會議所會員總代　奥　三郎兵衛

諸君、我陸海軍ハ

聖天子ノ威烈ニ頼リ、赤心報國ノ義勇ヲ以テ滿清ヲ征討シ、連戰連捷已ニ異常ノ軍功ヲ奏シ、更ニ大ニ成ス所アラントス、乃チ茲ニ此祝捷大會ヲ以テ、我東京市民有志者一般ガ感謝ノ意ヲ表彰スルヿ、初ヨリ我商工相談會員ノ素志ニシテ且ツ光榮トスル所ナリ」於戯我陸海軍ハ、炎暑金ヲ鑠シ、酷熱身ヲ焦スノ夏季ヲ以テ、雞林八道ノ地ニ進ミ、今ヤ朔風膚ヲ刺シ、北雪天ヲ捲クノ嚴冬ニ向ツテ、深ク滿州、盛京ノ境ニ入ル、地形ノ運送ニ便ナラザル戰地ノ徵發ニ易カラザル、動モスレバ糧食輜重ニ乏ヲ告クル事アリ、况ヤ異域ノ行軍、敵地ノ進陣ハ、激戰奮鬪ノ外ニ、其生命ヲ犧牲トスベキノ難アルニ於テヲヤ、我輩憶フテ此ニ至ル毎ニ、軍隊ニ對シテ、其限リ無キノ功勞ヲ感謝セズンバアラザルナリ、殊ニ其戰勝ノ績ニ至リテハ振古ノ義軍ヲ以テ、歷史ニ比例ナキノ大捷ヲ得、坤輿萬國ヲシテ　大日本帝國ノ强盛ナルヲ實見セシメ、是ヨリシテ更ニ進ンデ、我權能ヲ戰勝ノ上ニ伸張スルノ步ヲ運ビツ、アルヿ、天下ノ倶ニ瞻視スル所タリ、以テ此戰爭ノ關係ノ至重至大ナルヲ知ルベキナリ」而シテ今日以降、戰爭ノ餘勢ハ、延テ以テ與國ニ及ボシ、局面ニ向ツテ、如何ナル狀況ヲ呈センモ測ル可ラズト知ラバ、戰勝ノ必要ハ、是ヨリシテ更ニ其重ヲ加ヘ、軍隊ノ英武ハ是ヨリシテ益々其大ヲ增サヾル可ラザルナリ、是レ實ニ前途ノ勝利ニ於テ、我輩ガ希望ヲ置ク所以ナリ」夫レ權能ハ常ニ利益ト相伴ヒ、又常ニ義務ト相關ス、苟モ今度ノ戰勝ニ於テ、着々我權能ヲ擴張スルニ逢ハヾ、是ニ隨伴スルノ利益ヲ我ニ占取シテ、他人ヲシテ之ヲ壟斷セシメザルハ、即チ我商工者ノ義務ナリトス、戰勝ノ終局ニ至リテ、益々其然ルヲ信ズルナリ」若シ夫レ我商工者ニシテ、此ニ怠ルヿアラバ、是レ戰勝ノ賚タル利益ヲ自ラ拋棄シテ顧ミズ、我軍隊ガ生命ヲ以テ收メタルノ戰勝ヲ見テ、敝履ノ如シトスルニ異ナラザルナリ、豈商工者ノ本分ヲ盡ス者ナランヤ」今ヤ戰爭ノ爲ニ商情ニ影響スル所アリト雖モ、幸ニシテ未ダ其太甚キニ到ラズ、而シテ戰勝ニ伴フノ利益ハ、早晩將ニ來ラントス、之ヲ收ムルノ如何ハ、夫唯今日以降ニ在ル乎、

惟ルニ、今度ノ戰爭ハ、廟堂ノ政畧ニ出ルノ戰爭ニ非ズシテ、國民一般ノ憤惋ニ發スルノ戰爭ナリ、畏クモ

聖天子ハ國民ノ心ヲ以テ　大御心トナシ玉ヒテ、宣戰ノ　大詔ヲ降シ玉ヒ、軍隊ハ其大詔ヲ承ケ、國家ノ爲ニ戰ヒ、猛進勇奮、其戰勝ニ重ヌルニ戰勝ヲ以テシ、我利益ヲ收ムル

ノ權能ヲ進取スルニ一意ナリ」然ラバ則チ我輩ハ、益々一般ニ敵愾ノ心ヲ盛ニシテ、國民公ニ奉ズルノ義務ヲ盡シ、軍隊ヲシテ國民一般ガ、其功勞ヲ感謝スルノ誠意ヲ知ラシメ、更ニ益々其勇猛ノ氣勢ヲ旺大ナラシメザル可カラザルナリ」今日祝捷大會ノ主旨ノ此ニ在ルヲ信ジ、茲ニ諸君ト共ニ我陸軍ノ大勝ヲ祝スル者ナリ、敬白

明治廿七年十二月九日　　東京商工相談會總代　大　江　卓

祝捷會ハ何ヲ以テ開カレシカ正義ノ勝利ヲ得ルヲ顯明スルナリ　大元帥陛下ノ威武ヲ奉頌スルナリ陸海軍ノ功勞ヲ感謝スルナリ東京市民ノ誠意ヲ表彰シテ國民ノ決心ヲ内外ニ宣示スルナリ

蓋シ我カ征清軍ハ兇殘ナル清國ヲ膺懲シ東洋ノ平和ヲ恢復シ之ヲ永遠ニ維持スルニ在リ名正シク言順ニシテ師出ルニ律ヲ以テス大義ノ在ル所豈暴力ノ抵抗ヲ容サンヤ然レドモ　大元帥陛下ノ叡聖神武ニシテ軍隊ノ忠誠勇敢ナルニ非ズンバ何ゾ功績ノ赫々タル今日アルヲ致スヲ得ンヤ

我ガ　大元帥陛下ハ深ク平和ヲ望ミ隣交ヲ重ンジ給ヘリ然ルニ清國貪婪ノ志ヲ逞シクシテ汚辱ヲ我ガ國旗ニ加フ　陛下赫怒爰ニ六師ヲ起シ　皇祖　皇宗ノ遺烈ヲ紹キ親ラ

大纛ヲ進メテ軍事ヲ統督シ給フ此ヲ以テ民心益々振ヒ兵氣大ニ張リ　王師ノ向フ所敵軍盡ク摧破シ牙山、平壤ニ大捷シ進ンデ鴨綠江ヲ渡リ九連、鳳凰皆ナ我ガ手ニ落ツ更ニ關東半島ニ上陸シテ金州ヲ陷レ旅順ノ堅砦モ一擧シテ之ヲ占領ス而シテ豐島ノ海戰ニ次グニ海洋島ノ大勝利ヲ以テシ黃海已ニ我有ニ歸シテ渤海亦敵艦ノ隻影ヲ留メズ我武維レ揚リ敵國震慴シ勝敗ノ大勢已ニ决セリ

開戰以來海陸克捷ノ報告アル每ニ擧國欣躍シ四民歡呼ス輦轂ノ下我ガ東京市民ニシテ獨リ之ヲ祝賀セズシテ可ナランヤ是ヲ以テ有志胥謀リテ此大會ヲ開ク我輩新聞記者ハ內外ノ形勢ヲ視察シ國民ノ輿論ヲ代表スル者ナリ故ニ我ガ市民ノ誠實ニ軍功ヲ表彰スルノ擧ニ就キ深ク同意ヲ表ス

今ヤ　大纛ノ廣島ニ駐ルモノ殆ンド半年ナラントス我ガ陸海軍ハ此ノ窮冬嚴寒ニ當リ遼東渤海ニ屯劄シテ敵軍ト相對シ將ニ進ンデ大ニ攻擊ヲ圖ラントス敵國ハ敗殘ノ餘ト雖モ猶ホ山海ノ形勝ニ扼守ス我國ニ於テ最後ノ克捷ヲ奏セントスレバ上下心ヲ一ニシテ文武力ヲ協セ以テ宣戰ノ目的ヲ貫徹センヿヲ要ス故ニ此ノ祝捷會ハ獨リ旣往ニ於ル軍功ヲ表彰スルニ止マラズシテ亦國民ノ决心ヲ喚起シ之ヲ內外ニ宣示スルニ在ルヿヲ知ラザルベカラズ

嗚呼鬱勃タル國民ノ敵愾心ハ發シテ此祝捷大會トナレリ其東臺山下ニ反響スル歡聲ハ震盪ス

ル巨砲ノ轟撃ニ異ナラズ而シテ亦之ニ因テ大ニ遠征軍ノ勇氣ヲ皷舞スル者アラントス
夫レ斯ノ如ク人心内ニ奮フテ兵氣外ニ揚ル我市民ノ更ニ大會ヲ開キ凱旋軍ヲ迎ヘ我帝國ノ光輝ヲ宇内ニ赫奕タラシムルモノ夫レ豈遠キニ在ランヤ我輩ハ今ヨリ筆ヲ操テ其盛況ヲ記スルノ日ヲ待ツ

明治廿七年十二月九日

東京新聞記者總代　末　廣　重　恭

以上發企人總代の趣意書幷諸氏の祝辭は大會後直ちに大本營に進達せり

た　行

な　行

は　行

ま　行

や　行

人名索引

あ　行

か　行

さ　行

《著者紹介》

木下直之（きのした・なおゆき）

1954年　浜松市生まれ。

1981年　東京藝術大学大学院美術研究科中退。

兵庫県立近代美術館学芸員，東京大学総合研究博物館助教授を経て，

現　在　東京大学教授（文化資源学）。

主　著　『美術という見世物』平凡社，1993年，ちくま学芸文庫，1999年，
講談社学術文庫，2010年，サントリー学芸賞受賞。
『ハリボテの町』朝日新聞社，1996年，前半部のみ朝日文庫，1999年。
『写真画論』岩波書店，1996年。
『博士の肖像』東京大学出版会，1998年。
『世の途中から隠されていること』晶文社，2002年。
『わたしの城下町』筑摩書房，2007年，芸術選奨文部科学大臣賞受賞。
『股間若衆』新潮社，2012年など。

叢書・知を究める②

戦争という見世物

――日清戦争祝捷大会潜入記――

2013年11月20日　初版第1刷発行　〈検印省略〉

定価はカバーに
表示しています

著　者　木　下　直　之

発行者　杉　田　啓　三

印刷者　田　中　雅　博

発行所　株式会社　ミネルヴァ書房

607－8494　京都市山科区日ノ岡堤谷町1
電話代表（075）581－5191
振替口座　01020－0－8076

創栄図書印刷・新生製本

ISBN978-4-623-06787-9
Printed in Japan

叢書・知を究める

①脳科学からみる子どもの心の育ち

乾　敏郎　著

●認知発達のルーツをさぐる　さまざまな認知機能がどのように発達するのかを、そのルーツとなる脳のはたらきを分析することで解明する。

②戦争という見世物

木下直之　著

●日清戦争祝捷大会潜入記　明治二七年のある日曜日、上野公園で開催された日清戦争戦捷祝賀大会にタイムスリップ。イベントや参加した人々の様子を活写する。

ミネルヴァ通信
KIWAMERU
「究」

■人文系・社会科学系などの垣根を越え、読書人のための知の道しるべをめざす雑誌

主な執筆者
小塩隆士　沓掛良彦　藤本哲也
池上俊一　笠谷和比古　佐伯順子　村田晃嗣
伊勢田哲治　木村　幹　浜田寿美男

＊敬称略・五十音順
（二〇一三年一一月現在）

毎月初刊行／Ａ５判六四頁／本体三〇〇円／年間購読料三六〇〇円